〝民進党イメージ・キャラクター〟の正体

蓮舫《れんほう》の守護霊霊言

Renho

Ryuho
大川隆法

まえがき

さて、いよいよ、民進党の次期代表の呼び声も高い蓮舫氏《れんほうし》守護霊の登場である。日本と台湾の二重国籍《にじゅうこくせき》問題が取りざたされていることはさておき、この方《かた》で、政《せい》権交代可能《けんこうたいかのう》な野党の党首たりうるのか。また、総理の器《うつわ》なのか。これは、マスコミも国民も、本当のところを知りたいことだろう。

霊査《れいさ》してわかったことは、地上の本人同様、スパスパとキャッチコピー的な切れ味のいい言葉が飛び出すこと。そしてその方向に一定の論理性《ろんりせい》があること。しかし、その論理の結末《けつまつ》は、大中華帝国圏《だいちゅうかていこくけん》に日本がのみ込まれることを必然《ひつぜん》としていることだった。

直前世《ちょくぜんせ》で、あの吉田松陰《よしだしょういん》の天敵《てんてき》であったらしいこともリーディング中に明らかになってきた。
果《は》たして日本国民は、実寸大《じっすんだい》の蓮舫氏《れんほうし》を観《み》ているのかどうか。本書がはっきりと真実を語ることだろう。

二〇一六年　九月七日

幸福《こうふく》の科学《かがく》グループ創始者兼総裁《そうししゃけんそうさい》
幸福実現党創立者兼総裁《こうふくじつげんとうそうりつしゃけんそうさい》
大川隆法《おおかわりゅうほう》

蓮舫の守護霊霊言　目次

蓮舫《れんほう》の守護霊霊言《しゅごれいれいげん》

――〝民進党イメージ・キャラクター〟の正体――

二〇一六年八月三十一日　収録
東京都・幸福の科学総合本部にて

「霊言現象《れいげん》」とは、あの世の霊存在の言葉を語り下ろす現象のことをいう。これは高度な悟《さと》りを開いた者に特有のものであり、「霊媒現象《れいばい》」（トランス状態になって意識を失い、霊が一方的にしゃべる現象）とは異なる。

また、人間の魂《たましい》は原則として六人のグループからなり、あの世に残っている「魂のきょうだい」の一人が守護霊《しゅごれい》を務めている。つまり、守護霊は、実は自分自身の魂の一部である。したがって、「守護霊の霊言」とは、いわば本人の潜在《せんざい》意識にアクセスしたものであり、その内容は、その人が潜在意識で考えていること（本心）と考えてよい。

なお、「霊言」は、あくまでも霊人《れいじん》の意見であり、幸福の科学グループとしての見解と矛盾《むじゅん》する内容を含《ふく》む場合がある点、付記しておきたい。

蓮舫《れんほう》の守護霊霊言《しゅごれいれいげん》

――〝民進党イメージ・キャラクター〟の正体――

二〇一六年八月三十一日　収録

東京都・幸福の科学総合本部にて

蓮舫《れんほう》（一九六七～）

政治家。本名・村田《むらた》蓮舫。東京都出身。台湾人《たいわんじん》の父と日本人の母との間に生まれる。青山学院大学在籍《ざいせき》中に芸能界デビューし、卒業後は番組司会やテレビ朝日「ステーションEYE《アイ》」の報道キャスター等を務める。また、北京《ペキン》大学への留学経験を持つ。二〇〇四年、民主党公認で参議院議員に初当選。行政刷新会議の事業仕分けで注目を集めた。内閣府特命担当大臣、内閣総理大臣補佐《ほさ》官などを歴任。二〇一六年九月、民進党代表選に立候補。

質問者　※質問順

綾織次郎《あやおりじろう》（幸福の科学常務理事 兼《けん》「ザ・リバティ」編集長 兼 HSU講師）

石川悦男《いしかわえつお》（幸福の科学理事長）

吉川枝里《よしかわえり》（幸福の科学第五編集局長）

［役職は収録時点のもの］

1　民進党の「顔」・蓮舫《れんほう》氏の守護霊《しゅごれい》を招霊《しょうれい》する

自民党幹部守護霊のリクエストに応《こた》える

大川隆法　先般《せんぱん》、自民党系の幹部の守護霊霊言《しゅごれいれいげん》等を録《と》ったところ、「蓮舫《れんほう》さん（の守護霊霊言）もやってくれ」などという声が出ました（二〇一六年八月二十四日、菅義偉《すがよしひで》氏守護霊の霊言を収録した。『菅官房長官《かんぼうちょうかん》の守護霊に訊《き》く　幸福実現党〝国策捜査《そうさ》〟の真相』〔幸福の科学広報局編、幸福の科学出版刊〕参照）。

確かに、フェアネス（公平）の観点から見て、あちら側の守護霊霊言も録っておく必要があるかなとは思います。

安倍政権の“ご家老”は今、何を狙っているのか。『菅官房長官の守護霊に訊く　幸福実現党“国策捜査”の真相』（幸福の科学広報局編、幸福の科学出版刊）

もちろん、自民党の方のほうは、蓮舫さん（の守護霊）が出て、ドジを踏《ふ》んでくれることを望んでいるのではないかとは思うのですが、そのようになるかどうかは分かりません。

さて、蓮舫さんの印象としては、最近の参議院議員選挙（第24回参議院議員通常選挙。二〇一六年六月二十二日公示、七月十日投開票）の東京選挙区で百万票ぐらい取られたので、強いことは強いでしょう。

一人で百万票もお取りになると、当会の組織戦などはあってなきがごとしで、「クラリオンガールでも何でもいいから、みんなで出て、水着で写真を撮《と》ってもらえ」と言いたくなる気持ちもないわけではありません（注。蓮舫氏は青山学院大学在学中に、音響《おんきょう》機器メーカーのキャンペーンガールである「一九八八年度クラリオンガール」に選ばれた）。なぜ、これほど強いのかなとは思います。

また、先日の東京都知事選（二〇一六年七月十四日告示、三十一日投開票）では、小池《こいけ》（百合子《ゆりこ》）さん（現・東京都知事）とぶつかる可能性もあったのですが、どうも、今、民進党の代表選（二〇一六年九月二日告示、十五日投開票）のほうを、本心で考えていらっしゃるようで、今のところ、有力と言われています。

大きな政党の党首としては、首相になるには衆議院議員のほうが有利というか、当たり前なのだろうとは思いますが、日本国憲法上、「参議院議員が首相になってはならない」という規定はないので、なれないわけではないと思います。

ただ、首相には、実質的に、「衆議院の解散権」等があります。その意味で、「自分は責任を取らずに、他人《ひと》のクビだけは切れる」というのもおかしいので、一般的には、「解散で民意を問う衆議院議員のほうが望ましい」と考えられているのではないかと思います。

しかし、参議院議員で党首（代表）になって、首相になっても、別に憲法違反《いはん》で

民進党代表選挙に立候補し、公開討論会で握手する（左から）蓮舫代表代行、前原誠司《まえはらせいじ》元外相、玉《たま》木雄一郎《きゆういちろう》国対副委員長（2016年９月２日撮影）。

はないので、そういうこともありえるのかなとは思います。

なお、前原《まえはら》さん（前原誠司《せいじ》元外相）が対抗馬《たいこうば》で出てくるようではありますが、今のところ、「蓮舫さんのほうが強かろう」という予想は立っています。

「どういう人となりで、なぜ人気があるのか」を知りたい

大川隆法　ただ、なぜそれほど人気があるのかは、私にはさっぱり分かりません。現在、四十八歳《さい》で、以前は、モデルやキャスター等をされていた方です。台湾人《たいわんじん》のお父さんと、日本人で「ミス・シセイドウ」だったお母さんとのハーフということで、テレビ等に出たり、ポスターになったり、いろいろしていたので、見え方や見せ方はうまいのかもしれないし、おそらく、人の目を引くのが上手《じょうず》なのでしょう。
また、言葉についても、「ワンフレーズ・ポリティクス（一言《ひとこと》政治）」のようなものは得意なのかなという感じはします。これは、最近の流行《はや》りではあるでしょう。例えば、「一番じゃなきゃダメですか？」という言葉は、けっこう有名になり

ました（注。民主党政権下の二〇〇九年十一月十三日に行われた事業仕分けの際に、蓮舫氏は次世代スーパーコンピュータ開発の予算削減《さくげん》を決定。その説明として、「世界一になる理由は何があるんでしょうか？　二位じゃダメなんでしょうか？」と発言した）。

さあ、本当のところは、どういう人なのでしょうか。これについては、単に「自民党寄り」という立場からだけではなく、国民的立場からも知っておいたほうがよいでしょうし、当会も、政治に少し関係のある団体として、〝内情〟を知っておいたほうがよいかもしれません。

やはり、女性としての人気が出てくる理由を、小池さんに続いてもう少し知りたい感じはどうしてもあります（注。二〇一六年八月十二日、小池百合子・新東京都知事の守護霊霊言を収録した。『小池百合子　実力の秘密』（幸福の科学出版刊）参照）。

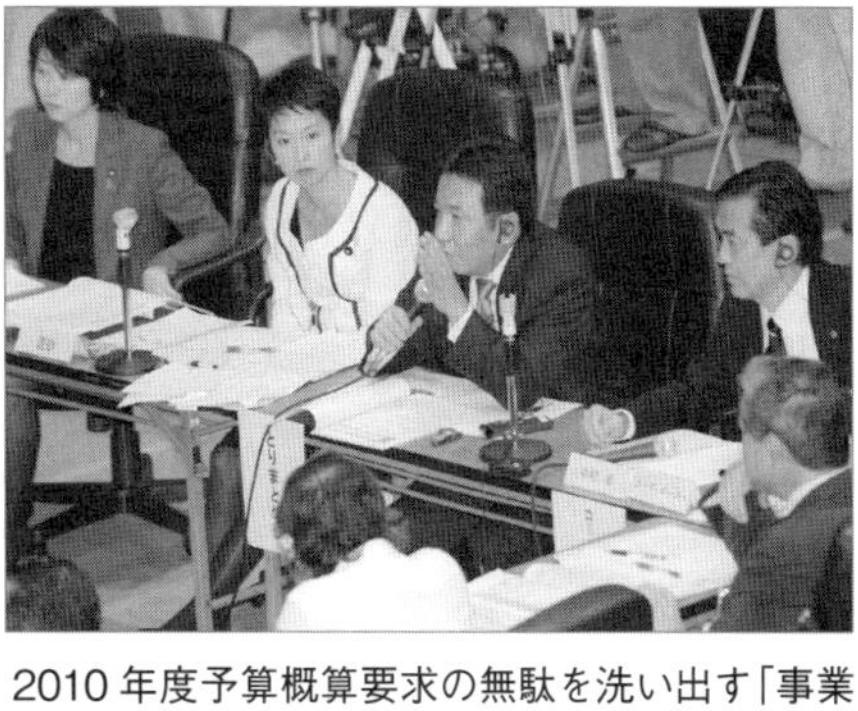

2010年度予算概算要求の無駄を洗い出す「事業仕分け」に参加する民主党（当時）の蓮舫参議院議員（奥右から3人目）と枝野《えだの》幸男《ゆきお》衆議院議員（同2人目）（2009年11月11日撮影）。

なぜ一人で百万票を取れるのか、知りたいですね。
当会にも、一人、こういう人がいたら、本当に楽々、行ってしまいますからね。

綾織　そうですね。

大川隆法　ただ、それまでには、やはり、（キャンペーンガールではありませんが）水着審査《しんさ》に通ったりしなくてはいけないので、それほど簡単ではないのかもしれません。
また、ほかの人には、すごく美人に見えるのでしょうか。そう見えているのかもしれませんが、私は、もともと、あまり関心がないタイプではありません。もちろん、〝そのようなタイプ〟が好きな人も多いのかもしれないので、このあたりについては、私が〝日本人の標準値〟と言えるのかどうか、自信はありません。

初の女性都知事に、その人気と実力の秘密を訊く。
『小池百合子 実力の秘密』
（幸福の科学出版刊）

なお、「こういう人が、大臣や首相などの方向に行っていいのかな」という素朴《そぼく》な疑問はあるのですが、そこに票が入るわけです。名前も難しくて、「漢字では読めないし、書けない」という人がほとんどだと思うのですが、なぜ票が入るのでしょうか。不思議な感じがして、しかたがありません。

自民党の側としては、この人が代表になって、人気がガーッと出てきた場合に、選挙等で負け始めていくことを恐《おそ》れてはいるのだろうと思います。その意味で、当会のほうに、「あちらのほうも探索《たんさく》せよ」と言っているのでしょう。

一方的宣伝にならないように「人柄《ひとがら》や能力」を公平に判定する

大川隆法　（蓮舫氏の）守護霊とは、事前に数秒ぐらい会話しただけなのですが、確かに、スパッと来る感じのところはありました。「公開霊言の場に出てくれますか」という感じで訊くと、「ああ、いいですよ」という感じだったのですが、次には「おたくが石川理事長を出してくれるのなら」と来ました。確かに、こういう切り口は、ほかの人にはあまりない切り口です。
なぜ、石川理事長に「出てこい」と言ったのか、意味があるのかどうか、私には分かりません。ただ、理事長を引きずり出すということは、おそらく、何か担保《たんぽ》というか、言質《げんち》を取ろうとしているのかもしれないとは思います。

綾織　おそらく、そうですね。

大川隆法　他党では、できていないですからね。理事長が出てきたときに交渉《こうしょう》して、自民党寄りではない方向に引っ張っていこうとしているのか、あるいは、どこかに共通項《こう》があるようなことを言って何かを握《にぎ》らせようとしているのか。何か、そういう意図があるのかもしれません。
ともかく、瞬間《しゅんかん》的に、そうしたことを思いつくということは、確かに、直感的な頭のよさがあって、鋭《するど》いのかもしれないですね。

綾織　はい。

大川隆法　ただ、このあたりは、私などは考えつかないことなので、少し分からないところです。蓮舫さんの守護霊のように、「石川さんと話したい」などということは想像がつきませんし、自然に任せると絶対に出てこない組み合わせなので、やや分からないところがあります。

とりあえず、一方的な宣伝にはならないように努力したいとは思います。（地上の本人が）テレビ慣れしているので、（アピールが）うまいことはうまいとは思うのですが、一方的宣伝にはならないように、フェア（公平）に、「どういう人柄《ひとがら》なのか。能力的にどのようなところがあって、どのようなところに弱みがあるのか」等をジャッジ（判定）していきたいと思っています。

そうすれば、自民党のほうも、いちおうは納得《なっとく》なされるとは思うし、当会のほうも、将来的にどうするかを考えなければいけないわけです。
ちなみに、顔だけをとれば、釈《しゃく》さん（釈量子《りょうこ》・幸福実現党党首）だって負けていないと思うのですが、どうなのでしょう。

綾織　そうですね。そう思います（笑）。

大川隆法　まあ、好みにもよりましょうけれどもね。
民進党の代表者として蓮舫氏の守護霊を招霊《しょうれい》する

大川隆法　（質問者に）では、行きましょうか。

綾織　はい、お願いします。

大川隆法　大丈夫《だいじょうぶ》ですか?

（吉川に）もし「女性的な部分」での言論戦が始まった場合に、一人、女性も入れておいたほうがよいと思って、あなたを入れました。女性的視点からの鋭い追及《ついきゅう》も、あってもよいと思いますのでね。

吉川　はい。

大川隆法　（他の男性の質問者、二人を指して）もしかしたら、まったく、こちらが駄目《だめ》かもしれないので、その部分の戦いになったらお願いしますね。

吉川　はい。

大川隆法　では、やってみます。

（目を閉《と》じ、合掌《がっしょう》し）民進党の次期代表選に出られます蓮舫議員の守護霊をお呼びいたしまして、その人となりを日本国民にご紹介《しょうかい》申し上げたいと思います。

自民党のさまざまな役職者をお呼びして、「守護霊霊言」をいたしていますので、ぜひとも、民進党を代表しまして、蓮舫さんの守護霊からも、ご意見を頂ければ幸いかと思っております。

先の参院選で大勝されました蓮舫さんの守護霊よ。

どうか、幸福の科学総合本部にお降りくださって、そのご本心を明かしたまえ。

蓮舫さんの守護霊よ。

蓮舫さんの守護霊よ。

どうか、そのご本心を明かしたまえ。

お願いします。

（約十秒間の沈黙《ちんもく》）

2　いきなり「結論」に入る蓮舫氏守護霊

「民進党と合流しないなら、宗教でいいじゃないですか」

蓮舫守護霊　コホン（咳払《せきばら》いをする）。うーん……。

綾織　こんにちは。

蓮舫守護霊　はい？

綾織　本日は、幸福の科学総合本部にお出《い》でくださって、まことにありがとうございます。

こうした霊言《れいげん》収録の場というのは、ある意味で、政治家として表舞台《おもてぶたい》に立つ際の、一つの登竜門《とうりゅうもん》のようなところがございますけれども……。

蓮舫守護霊　表舞台じゃないんでしょ。〝裏舞台〟でしょう?

綾織　〝裏舞台〟なんですか(笑)。

蓮舫守護霊　ウッフッフッフッフ(笑)。

綾織　いえ、いえ。まあ、今のところ、「民進党の代表選に向けて、かなり優勢な情勢を固めてきておられる」ということなので、国民的な関心を受けながら、ぜひ、どのような方なのか、お話をお伺《うかが》いしていきたいなと思っています。

蓮舫守護霊　うーん……、何か、「幸福の科学は民進党に合流してくださるのかな」と思って、今日、来たんですけど……。

綾織　ああ、そういうお考えなのですか。

蓮舫守護霊　えっ、違《ちが》うんですか。

綾織　まあ、それはないと思います。

蓮舫守護霊　「私を呼んだ」っていうことは、そういうことなんじゃないんですか。

綾織　いえ、いえ。自民党、その他の政党も含《ふく》めて……。

蓮舫守護霊　（民進党の）代表選前に私を呼んで、「私を支持するっていう表明をする」ということは、やっぱり、「合流する」ってことになるんじゃないですか。

綾織　いえ、いえ。今までも、自民党の首相をはじめ、閣僚《かくりょう》や役員の方からもお話をお伺いしていますので。

蓮舫守護霊　（幸福の科学は）政党でなくてもいいんじゃないんですか。宗教で何が悪いんですか。

綾織　そういうスタンスに立たれますか。

蓮舫守護霊　うーん、もう宗教でいいじゃないですか。政党は、こちらがやってるんですから。ねえ？

「ダンディーで精力的、野性味を感じる」と質問者を持ち上げる

石川　幸福の科学の理事長の石川でございます。

蓮舫守護霊　ああ、どうも、どうも。

石川　今日は、何か、「ご指名を下さった」ということですけれども……。

蓮舫守護霊　私ねえ、ダンディーな男性が大好きなものですから。

石川　ああ、ダンディー？　ありがとうございます。

蓮舫守護霊　ええ。一度、お顔を拝《おが》ませていただこうかなと思って。

綾織　ほお。なるほど。

石川　「そういう理由で、今日は、理事長をご指名なさった」ということでございますか。ダンディーな方はたくさんいらっしゃるのですが。

蓮舫守護霊　いやいや、いないです、いないですよ。あなたみたいなダンディーな方はいらっしゃいません。

綾織　ほお。

蓮舫守護霊　すごく精力的な方で……。

石川　精力的。

蓮舫守護霊　ええ、本当に。もう、「キングコングが生まれ変わったら、こんな感じになっている」と思うような方ですよねえ。

石川　（笑）ああ、「そういうところに興味・関心がおありだ」ということで……。

蓮舫守護霊　やっぱり、野性味を感じますねえ。

石川　あっ、野性味を感じる。

蓮舫守護霊　素敵《すてき》ですねえ。

石川　ああ、そうですか。

蓮舫守護霊　とっても素敵です。

綾織　ほお。そう〝攻《せ》めて〟きますか。

蓮舫守護霊　ええ、そうです。

綾織　なるほど。

当時の「民主党政権」をどう見ているのか

石川　ところで、蓮舫さんが民進党の代表になるかもしれないということで、国民的にも、「蓮舫さんがどういう方なのか」ということについて、関心があると思うんですね。

蓮舫守護霊　（関心を）持っていただきたいですね。

石川　ええ。それで、ご自分としてはどうでしょうか。民進党もそうなのですけれども、どのような日本の国をつくりたいというビジョンがあるのでしょうか。

蓮舫守護霊　うーん……。とにかく、安倍《あべ》政権には、もう飽《あ》きたでしょう？　みなさん。お飽きになったでしょう？　〝番組を切り替《か》えるとき〟が来たんじゃないですかね。

でも、前の民主党（現・民進党）のときに（選挙に）負けたいちばんの理由は、東日本大震災《だいしんさい》ですよ。ね？　やっぱり、「東日本大震災のダメージと、あとの対応がもたついたあたりで民意が離《はな》れた」っていうのが、いちばん大きかったと思うんですけど。

自民党の安倍政権になっても、悪いことはいっぱい続いてるじゃないですか。もう、震災は続くし、何だか、いろんな事件は続くし、やっぱり、「天意は見放した」と見るべきじゃないですか。

だから、民主党から民進党になったところで刷新して、新しいイメージで、グググーッと日本の未来を開きたいなと思ってるんですけど。

石川　私たちの見方からすると、天意は、自民党にも厳しい目はあるかもしれませんけれども……。

蓮舫守護霊　もっとそれ、強く言ったほうがいいですよ。もっと強く。

石川　「もともと、民進党（当時は民主党）にも天意はなかったのではないか」という意見もあるのですが、どうでしょうか。

蓮舫守護霊　えっ？

石川　「もともと、民進党に天意はなかったのではないか」という意見もあります。

蓮舫守護霊　あったでしょう。七十パーの支持率があってスタートした……。

石川　当時の民主党政権は、三年余りですぐ潰《つぶ》れましたからね。これは、どう清算しているのですか。

蓮舫守護霊　うーん……、まあ、やっぱり、「代表の言葉の問題」ですからねえ。どうしても、言葉で政治をしていますから、出した言葉が国民の不信を買ったり、議論の的《まと》になったりすると弱いですね。鳩山《はとやま》さん（鳩山由紀夫《ゆきお》元首相）も言葉の問題がありましたし、菅《かん》さん（菅直人《なおと》元首相）も、やっぱり言葉とか判断ですかね。そういうのでつまずいたような感じはしましたので。

まあ、そちらのほうでは、今の私のほうが熟練している面もあるのかなと思っているんですけど。

石川　キャスター等をされていましたからね。

蓮舫守護霊　ええ、ええ、ええ、ええ。

「幸福実現党は民進党と〝結婚《けっこん》〟すれば運が向く」？

石川　でも、有名な蓮舫さんのお言葉がありましたよ。「どうして二番じゃいけないんですか」というような。これは、どうなのでしょうか。
蓮舫守護霊　うーん……、だから、「どうして幸福の科学じゃいけないんですか」。「どうして幸福実現党が要《い》るんですか」。
まあ、これは、どこでも出てくる意見じゃないですか。
石川　いや、それは、意味が全然違います。幸福実現党には天意がありますし、やらなきゃいけない使命も持っていますし……。
蓮舫守護霊　天意がないから、もう七年間もたついて……。
石川　いえ、いえ、いえ。今、一生懸命《いっしょうけんめい》、国民に訴《うった》えているところでございますので。

蓮舫守護霊　もう早く、どこかと合流すべきですよ。合流しなくちゃ。自民党が意地悪しているんでしょう？　聞きましたよ。意地悪してる。それは、こっちに来なきゃ、もう。

石川　そのあたりは、今、どのように分析《ぶんせき》されているんですか。

蓮舫守護霊　いや、それは菅《すが》さんから麻生《あそう》さんから、新しいその、何だっけ？　知らないけれども、（大川隆法）総裁の〝お誕生日（七月七日）のような年齢《ねんれい》〟の幹事長で、〝死にかけ〟のような方が出てこられてやるみたいな、〝老いぼれ政権〟ですよね（収録当時、自民党新幹事長の二階俊博《にかいとしひろ》氏の年齢は七十七歳《さい》）。

老朽化《ろうきゅう》した政権ですから、もう最後ですよね。沈没船《ちんぼつ》です、あれは。もうすぐ沈没する寸前ですから、やっぱり、「清新《せいしん》なイメージをつくって、対抗《たいこう》していきたいなあ」というふうに思っているんですけどね。（自民党が）意地悪するんだったら、ぜひ、私たちのほうに来てくだされば、何とか協力して……。

私たちもねえ、大分県《おおいた》で、隠《かく》しカメラで集まっている人を隠し撮《ど》りされたりして、大分県警に対して頭にきてますからねえ（注。参議院選挙の公示日〔六月二十二日〕前後に、大分県警別府《べっぷ》署の警察官が、民進党候補者を支援《しえん》する労働組合が利用する施設《しせつ》の敷地《しきち》内に隠しカメラを設置したとして、建造物侵入《しんにゅう》の疑いで書類送検された）。県警本部長の首は絶対に取るつもりですけど、ぜひとも、次は警視総監《そうかん》、警察庁長官、そして、上の大臣から総理大臣まで、ドドドドドドッと追及《ついきゅう》していきましょうよ、国会で。そしたら合流してやれますよ。

綾織　まあ、幸福実現党のことは、あとに置いておきまして。

蓮舫守護霊　ああ、そう？　一緒《いっしょ》でいいんですよ。別に、隠さなくていいんですよ。

綾織　やはり、今日は、「蓮舫さんのことを知りたい」というのが趣旨《しゅし》ですので。

蓮舫守護霊　いや、私が党首でもいいじゃないですか。党が連立したということで。

綾織　それは、許さない人がたくさんいると思います。ただ、その議論は後《のち》ほどさせていただくとして……。

蓮舫守護霊　ああ、あと私ね、なんか「結論」が先に出ちゃうんですよ。

綾織　ああ、そういうタイプなんですね。

蓮舫守護霊　これが「人気の秘密」なのかなあと思うんですけど。

綾織　あっ、なるほど。

蓮舫守護霊　「結論」が出ちゃうんですよねえ。

だから、幸福実現党が七年もたっているんで、かわいそうで。うちもその間、苦しみはいっぱい味わいましたけど、ここで〝結婚《けっこん》〟したら、なんか天意がグッといい方向に、運が向くんじゃないですかねえ。

綾織　なるほど。そのように、スパッと、まず「結論」から入っていくところが……。

蓮舫守護霊　うん、分かりやすいでしょう？　国民にもマスコミにも分かりやすい。

綾織　確かに、自民党と真逆のところはありますね。

蓮舫守護霊　自民党は、今、〝老人型田舎《いなか》政治〟でしょう？　あれは分かりにくいですよね。本心がさっぱり分からない。

事業仕分けによる「スーパー堤防廃止《ていぼうはいし》」の責任は？

吉川　先ほど、「民主党から自民党に政権交代したのは、東日本大震災のせいだ」ということをおっしゃっていましたけれども、「『コンクリートから人へ』というスローガンを掲《かか》げて、スーパー堤防《ていぼう》を廃止《はいし》したから、津波《つなみ》の対策ができなかったのではないか」という批判もありました。

事業仕分けで、その廃止と判定した蓮舫さんとしては、どのように責任をお考えでしょうか。

蓮舫守護霊　じゃあ、あのとき、自民党政権だったら防げたんですか。防げましたか。一緒じゃないですか。

だから、運が悪かっただけで。うちがたまたま政権を担当しただけで（苦笑）、自民党政権だったら、あっちが敗れてるだけですから。

綾織　自民党の場合は、「スーパー堤防を、そのまま進める」という考え方だったので、例えば……。

蓮舫守護霊　でも、できてませんよ。ゆっくりしかやらないから。

綾織　そうですね。

蓮舫守護霊　ハハッ（笑）。

石川　自民党ではなくて、幸福実現党政権でやる予定でした。

蓮舫守護霊　いや、それは無理、無理、無理。それは、いくら何でも無理でしょう。

石川　ただ、そちらの廃止の主張に対して、東日本大震災が起きるという判定がなされたので、「天意」が示されたということですね。

蓮舫守護霊　いや、それは、幸福実現党がまるで祟《たた》り神みたいに聞こえるから。そんなことはないでしょう？　それは誤解だと思うので、そんなことはないでしょう。

幸福をもたらすんでしょう？　国民に。不幸をもたらす政党になってるんだったら、それはちょっと問題。

石川　いや、「不幸をもたらしたのは民主党」ですよね。

蓮舫守護霊　そうかなあ？

石川　そうなんです。

蓮舫守護霊　うーん、「幸福の科学のほうで、歴代理事長が震災を起こしている」っていう話も、少し聞いたことがあるんですけどね。

石川　そういう意見は聞いたことがありません。

蓮舫守護霊　聞いたことがありますね、私は。

石川　実際に、この世のことを動かしているのは政治ですから。

蓮舫守護霊　〝霊界瓦版《れいかいかわらばん》〟で、そういうものが、ちょっと飛び交《か》ってるから（会場笑）。ええ、飛び交ってるんですけどね。

3　蓮舫人気で民進党は浮上《ふじょう》するのか？

民進党・岡田克也《おかだかつや》代表への「つまらない男」発言の本音

綾織　実際、民主党から民進党になったわけですけれども、どう立て直していくお考えですか。

蓮舫守護霊　まあ、台湾《たいわん》が民進党政権になりましたから、ちょっと似たような感じで、「政権交代」というイメージを出したいなと思ってるんですけどねえ。

綾織　一般《いっぱん》的に、国民のみなさんには、「民主党」というイメージがものすごくありますので、それを払拭《ふっしょく》して、「別のもの」という認識にするには難しいところがあると思うんです。これをどう変えていきますか。

蓮舫守護霊　でも、自由民主党も「自由」じゃないし、「民主的」でもないし、看板はまったく掛《か》け違《ちが》っていますよねえ。

綾織　まあ、そういうところはありますね。

蓮舫守護霊　「不自由貴族党」っていう名前に変えたほうがいいんじゃないですか。

綾織　それは、同意するところはあります。

ただ、問題は民進党ですね。確かに、そういう清新《せいしん》なイメージで差別化を図《はか》っていく方法はあると思います。

蓮舫守護霊　まあ、「民進党」っていう名前が、今、私を呼んでる感じがするんですよね。

綾織　ああ、名前自体がですか。

蓮舫守護霊　私を代表にしたい感じがする。

石川　やはり、民進党代表の岡田克也《おかだかつや》さんの路線を……。

蓮舫守護霊　まあ、あれは、「ダサい男」ですからね。

石川　地上の蓮舫さんも、そういう言葉をおっしゃっていましたけど。

●そういう言葉……　民進党代表選（2016年9月2日告示、15日投開票）に出馬を表明している蓮舫氏は、8月23日、日本外国特派員協会で記者会見し、民進党代表の岡田克也氏について、「本当につまらない男だと思った」などと述べた。

蓮舫守護霊　ああ、あんたのほうがずっといい男ですよ。

石川　ありがとうございます。

蓮舫守護霊　ええ。岡田より、あなたのほうがいいですよ。

綾織　つまり、記者会見で、「つまらない男」と述べられていたのは本音なんですね（笑）。

蓮舫守護霊　「つまらない」っていうことはありません。詰まってますけどねえ。ほんと、行き詰まってますから（会場笑）。

綾織　ああ、行き詰まっているわけですね（笑）。

蓮舫守護霊　完全に〝詰まる男〟ですよ。

石川　なるほど（笑）。

蓮舫守護霊　詰まってますよ、あれ。

「共産党との連合は考え直す余地がある」

石川　ただ、本質は野党連合ということで、共産党とは、どう連合していくおつもりですか。

蓮舫守護霊　まあ……。うーん、ちょっと微妙《びみょう》ですけどねえ。「一緒《いっしょ》にいることで評判が落ちていって、政権担当能力が落ちる」っていうのなら、ちょっと考え直さなきゃいけないかなあと思っています。
だから、おたくに今、声を掛けてるんじゃないですか。「どうですかあ？」って。
石川　いや、幸福の科学や幸福実現党がいちばん正義とするのは、ここのラインなのです。共産党は「唯物論《ゆいぶつろん》」で、神仏を否定する考え方が全面に出てきているので、私たちは政治的にも、これを「正義」とは取れません。
蓮舫守護霊　いや、そんなことないですよ。
石川　ここは譲《ゆず》れない一線です。
蓮舫守護霊　あんたがたは、今まである神仏を全部否定して、〝新しい神仏〟を立てようとしているから。

石川　いえいえ、そんなことはありません。

蓮舫守護霊　もう、一緒ですよ。別に変わらないですよ。共産党と、そう変わらないって。一緒だって。

石川　全然、違います。

蓮舫守護霊　一緒だって。全体主義でしょう？　おたくも。

石川　とんでもないです。

蓮舫守護霊　全体主義じゃないですか。

石川　信仰《しんこう》の下《もと》に、一人ひとりの個人の多様性を認めています。

蓮舫守護霊　一枚岩になってる。全然、そんなことになってない。

石川　いえ、「自由」を尊重しています。今、そのとおりになっています。

蓮舫守護霊　だからねえ、警察にまで疑われたりして、困ってるんじゃないですか？「個人主義」じゃないから。

石川　いや、そういう問題ではなくて。ともかく、共産党をどうされるんですか。

蓮舫守護霊　えっ？

石川　ここは、どういうお考えなんですか。

蓮舫守護霊　まあ、私が代表になることで、そういう浮動票《ふどう》を、もっともっとグーッと取れるっていうんだったら……。

まあ、それが要《い》るか要らないか、ちょっと票読み計算をしなければいけないので。「分かれているほうが票が多くなる」と考えるんなら、そういう考えもありえるし。ちょっと、これは少し、協議の余地がまだあるので。

だから、両方ありましてね、意見はね。「共産党の躍進《やくしん》を呼んでしまったが、民進党のほうは、何となく衰退《すいたい》した」というようにも見えたんで、野党連合がよかったかどうか……。

ちょっと、それが自民党の攻撃《こうげき》材料に使われましたんでね。「共産党と組んでる」

みたいなのがね。（今回の参院選で）共産党は躍進したけど、うちのほうは、全体としては停滞《ていたい》した感じはあったので。〝攻撃材料〟だけになるんだったら、（共産党と組むのは）ちょっと考えなきゃいけない。

まあ、このへんは少し考え直す余地はあります。

綾織　なるほど。

幸福実現党が国民の支持を取れない理由について

綾織　自民党がいちばん恐《おそ》れているパターンがあると言われています。もちろん、そういう「野党共闘《きょうとう》」というのもあるんですけれども、民進党の執行部《しっこう》に、蓮舫さんをはじめ、若手のイケメンのような人が並んでくるパターンです。

蓮舫さんも美しいのですけれども、そういう人たちが並んでくると、先ほども少しおっしゃっていましたが、「自民党とは明らかに違う」ということで、かなり票を取るのではないかと言われています。

蓮舫守護霊　いいですねえ、いいですねえ。政治はイメージですから。

綾織　ああ、なるほど。

蓮舫守護霊　平均年齢《ねんれい》七十歳《さい》(自民党)の執行部と、四十代(民進党)でやれば、新しく見えますよね。それは、そう見えますよねえ。

綾織　やはり、蓮舫さんは、「マスコミや国民からどう見えるか。どう受け止められるか」というところが、感覚として非常に長《た》けていますけれども、それは、どのあたりから来ているのですか。キャスターの経験などから来るのでしょうか。

蓮舫守護霊　「長けている」といっても、「国民の気持ちを汲《く》み取るのが政治家の仕事だ」と思ってるので。

あなたがたのようなのは、自分たちのイデオロギーを、けっこうグーッと前に押《お》し出して、押しつけていくほうだけど。

綾織　イデオロギーではないのですけど。

蓮舫守護霊　私たちのほうは……。

まあ、この前は、鳥越《とりごえ》（俊太郎《しゅんたろう》）さんが、あんまり説明が上手でなくて、なんか、「（みなさんの声に）耳を傾《かたむ》ける」とは言ってたけど、「それだけで政治家ができるのか」っていうような感じで、ちょっとね。うーん、まあ、少しピークを過ぎたところがあったのかなあというふうには思うんですが。

2016年の参院選において、街頭で有権者に支持を訴える民進党の蓮舫候補（東京都中野区、2016年7月3日撮影）。

ただ、耳を傾けることは大事で、そっから吸収したもので、内容をよくつくって、それを分かりやすく提示して説明して、納得《なっとく》してもらう。この過程が非常に大事なことでして。

最初に固まったもの、「これをやりたい」ということだけを押しつけて、それを国民に説得するだけでは、政治としては不十分なんじゃないかなあと、私は思うし。あなたがたが、六回も七回も挑戦《ちょうせん》して成功していない理由は、たぶんそこにあるんじゃないかなと思ってるんですよ。もうちょっと「聞く耳」があれば、支持が取れるんじゃないかと思うけど、一方的に発信されてるから。

まあ、そのへんがちょっと足りないんじゃないかなあっていうか。

綾織　そのあたりは、耳の痛いところであり、そのとおりかもしれません。

蓮舫守護霊　まあ、「痛い」と感じてくださるんだったら、まだ〝良心のかけら〟

が残っていらっしゃるということだと思いますけどね。

東京で百万票を取る「人気の秘密」

綾織　さらにお伺《うかが》いしたいところとして、蓮舫さんは、東京で「百万票」を取っていますが、そうといろいろなノウハウと経験的なものを積み重ねていかないと、ここまでは取れないと思います。

もし、この場で教えていただけるような部分があれば、お願いしたいと思うんですけれども、ご自身としては、何を大事にされていますでしょうか。

蓮舫守護霊　うーん……。まあ、きっと、「分かりやすい」っていうことなんじゃないでしょうかねえ？　分かりやすいんじゃないですか。

で、党首や、あるいは政治家もそうですけど、「シンボル」ですからね。一種のシンボルなんで。

まあ、国民が一億人、あるいは一千万とかいう大きな単位になってくると、要するに、白旗か、赤旗か、パッパッと揚《あ》げて合図《あいず》しないと分からないところがありますので。はっきりと「旗幟鮮明《きしせんめい》」にすることが、わりに大事なんじゃないかなあとは思うんですよねえ。みんながどういうふうに言葉で表現したらいいか分からないところを、「スパッと言ってのける力」があれば、ついてくる方はわりに多いだろうし。

まあ、私なんかは、そんなに深く考えませんからね。自民党みたいに〝グルグル思考〟で、いろいろなことを裏から手を回してやるような、そういう陰険《いんけん》さがありませんので。

だから、思ったことをスパッと言いますから。それが受け入れられるか、受け入れられないかだけですので。

そのへんは、みなさん、分かってくださってると思うんですよ。大して厚みがないのは知ってるんですよ。脳の皮質がね、〝薄皮《うすかわ》まんじゅう〟でできていることは、私も分かっていますし、国民も分かってると思うんですよ。

綾織　ああ、そうなんですか（笑）。

蓮舫守護霊　〝薄皮まんじゅう〟なんですけども、すぐに〝あんこ〟が出てくる。ここが、やっぱりいいところですよね。「薄皮まんじゅう、食べたらすぐあんこに歯が当たる」。この感じですかね。舌触《したざわ》りがある。〝あんこ〟がすぐ出てきますから、分かりやすいですよね？

その代わり、飽《あ》きられれば捨てられる運命にはあるんだと思う。でも、飽きられて捨てられないようにするために、そのつどそのつど、〝新しい目玉〟を生み出していく努力は要るんじゃないでしょうかねえ。

綾織　なるほど。

ところで、蓮舫さんの情報を調べていて、私としては驚《おどろ》いたんですけれども、お子様もいらっしゃって。

蓮舫守護霊　まあ、いますよ。

綾織　それで、表には、そういうことをほとんど出してこないというか、「子供がいて、子育てをやっていて……」というイメージづくりをしてもいいはずなのに、あえて、それをされていないところがあります。

蓮舫守護霊　まあ、永遠の絶世の美女で、若い独身の美女でいたいんですよ、気持ちはね。

綾織　あっ、そういうことですか（笑）。

蓮舫守護霊　だから、「大きな子供が二人もいる」とか、こういうのが出ると、なんか、水着で出るの恥《は》ずかしいじゃないですか。

綾織　いや、水着で出てこなくてもいいですけど（笑）。

蓮舫守護霊　画《え》がね？　昔の画が出てきますから、やっぱりね。ちょっと恥ずかしいところがあるじゃないですか。

綾織　ああ、なるほど。

蓮舫守護霊　やっぱり、みんなの夢としては、独身のイメージみたいなものが、少しはあったほうがいいんじゃないかなあ、と。

綾織　そのあたりを意識されているわけですね。

蓮舫守護霊　うん。

綾織　このあたりの、「人気の秘密」というものが、少し見えてきました。

蓮舫守護霊　いやあ、それも、最後、「子育て支援《しえん》」のところを強く押し出していくようなら、「〝使う武器〟としては、まだあることはある」ので。まあ、使うときには使いますけどね。

ただ、それをそれほど使わなくてもまだ十分勝てるので、使っていないだけです。足りなくなったら使います。

綾織　なるほど。

4　蓮舫氏が日本のトップに立てば「アジアは一つになる」!?

安倍《あべ》首相のタカ派路線が敗れたあとに浮上《ふじょう》する「大義名分《たいぎめいぶん》」とは

綾織　そうした人気の部分も大事なんですけれども、やはり、ご本人の「政治哲《てつ》学《がく》」というか、「思想的なところ」をお伺《うかが》いしていきたいと思います。

民進党の国防政策や外交政策というのは非常に揺《ゆ》れていて、国民のなかには、「どうなんだろうな」というように思われる方も多いと思います。

そこで、今後、特に中国の問題を中心に、どういうスタンスで民進党を率いていくのでしょうか。

蓮舫守護霊　いや、私《わたくし》がね、もし、（民進党の）代表に選ばれまして、もし、首相なんかのお鉢《はち》が回ってくるというようなことがあるとしたら、「対中関係の改善」とか、そういうのが大義名分《たいぎめいぶん》で浮上《ふじょう》してきているときかなあと思うんですよ。安倍《あべ》首相がいちばん失敗しやすいのがここですから、どうせ。いちばんの強みもここにあるんだけれどもね。つまり、対外的にタカ派姿勢を取ってるところがいちばんの強みでもあるけれども、敗れるとしたら、「このタカ派路線が敗れる」っていうことがいちばんあるので。

その意味では、私を〝受け皿〟に持ってくることで、まあ、「対中国」「対台湾《たいわん》」、両方とも交渉《こうしょう》の余地がある立場にあるので、「蓮舫を立てたほうが、北京《ペキン》も台湾も安心するんじゃないか。日本がグッと近くに寄ってきたような感じがするんじゃないか」と。これが狙《ねら》い目で。〝いちばんの目玉〟ですね、今のところ。

綾織　なるほど。

「次に期待されるのは言葉での友好外交」と考える蓮舫氏守護霊

綾織　ただ、その「改善」の中身が気になるところですね。

蓮舫守護霊　安倍さんは、軍事拡張して、戦える国にしたいと思っていらっしゃるし、あなたがたもそうなのかもしれないけれども。

綾織　まあ、「国を護《まも》る」ということですね。

蓮舫守護霊　ただ、「戦わずして勝つ」のがいちばん大事なことですからね。

綾織　ほお。

蓮舫守護霊　やっぱり、「戦わずして外交で勝つ」ことが先で、これは兵法的にも適《かな》ってることですからね。

まずは友好外交をしようとすれば、「人の問題」ですから。人として親和性があるかどうか。人として嫌《きら》い合う者同士だったら、これはもう、どうしようもないです。喧嘩《けんか》しかないです。お隣《となり》さんで、「顔も見たくない」っていうんだったら、挨《あい》拶《さつ》もできませんよねえ。

綾織　ええ。

蓮舫守護霊　「おはようございます」も言えませんし、「行ってらっしゃい」も言えないし、「こんにちは」も言えない状況《じょうきょう》で隣同士だったら、これはもう、しょうがないよねえ。垣根《かきね》をいっぱいつくって、「もう顔も見たくない」っていうことで、その垣根をどんどん高くしたら、それはそうなるけども、「ああ、蓮舫さんならいいよ。安倍さんに代わって蓮舫さんなら、いつでも北京にいらしてください」「台湾にもいらっしゃい」「両方、仲人《なこうど》しますよ」というようなことであれば、日本の立場がグッとよくなるかもしれないですから。

そういう、「武器を持って、戦いをもって、勝つか負けるか」というんじゃなくて、そんな野蛮《やばん》な時代は終わって、私はちゃんと言葉で上手に中国と台湾を取り持ちながら、同時に日本とも仲良くなっていって、韓国《かんこく》との関係もよくして、北朝鮮《きたちょうせん》も上手に取り込《こ》んでいく。

そういうのが、次に期待される可能性があるから、そのワンチャンスで勝負しようと今、考えてるわけですよ。

綾織　うーん。鳩山《はとやま》（由紀夫《ゆきお》）さんが言っているようなことと、あまり……（笑）。

蓮舫守護霊　似てますけども。似てますけど、キレが違うわけ、キレがね。

綾織　キレだけで言われても、ちょっと……。どうなんでしょうねえ。

蓮舫守護霊　いやあ、やっぱりねえ、コカ・コーラとかペプシとかもねえ、コクとキレなんですよね。ビールもそうなんです。「コク」と「キレ」なんですよ。コマーシャルもねえ、「三十秒勝負」なんですよ。「コク」と「キレ」なんですよ。

綾織　確かに、鳩山さんは、「東アジア共同体」で、ほんわかと「みんな仲良く」ということで、まあ、これ自体は問題のある政策なんですけども。

ただ、これと基本的に変わらないのであれば、やはり……。

蓮舫守護霊　いや、鳩山さんのも、そのとおりになってたら、別に問題はないんですよ。

綾織　ああ、そうですか。

蓮舫守護霊　アジアが〝平和の海〟になってね、みんな友好的に友達になって、いいかたちでの「EUのアジア版」みたいなのができて、貿易も活発になり、投資も活発になって、お互《たが》いに信頼《しんらい》し合える関係になっていれば、別にいい。

中国だって爆買《ばくが》いしてくれて、中国語の案内が百貨店でもJRでも、いろんなところでかかって、「中国語の勉強でもしないと、これから商売できないな」と思うような環境《かんきょう》が半分できてきているのに、片方で戦争したいような雰囲気《ふんいき》をいっぱい出すと、いつどう冷え込むか分からない。

中国語の案内を表示する免税店（東京都秋葉原、2016年2月9日撮影）。

要するに、「景気を伸《の》ばしたい」とか、「GDPを伸ばしたい」とか言いつつ、「買うのをやめろ」と言ってるように見えなくもないですから。

やっぱり、そのへんは、「人の問題」なんじゃないですかねえ。

「アメリカ的価値観を前提とした社会」を疑問視している

綾織　一見、筋《すじ》が通っているようなのですけれども。

例えば、香港《ホンコン》では今、選挙を控《ひか》えているのですが、中国の共産党は「選挙の自由」さえも認めない方向で動いていっています。

将来的には、そういう「政治参加の自由」や「言論の自由」もなくなっていき、それが台湾にも押《お》し寄せてくるわけですけれども、こういう国、つまり、中国と仲良くしていくこと自体は、どう考えますか。

蓮舫守護霊　それはでも、「アメリカ的価値観が普遍《ふへん》的だ」という前提の下《もと》にやってるけれども。まあ、第二次大戦というか、大東亜《だいとうあ》戦争っていうか、太平洋戦争っていうか、まあ、あなたがたも見直しをかけてるようですけども、そのあたりから、あるいは、その前の植民地化政策の時代から、「欧米《おうべい》の負の遺産をアメリカが背負って同じことをやってた」というだけであれば、アメリカ的価値観も見直しがかかってこなければいけないわけだから。

それに、今、アメリカで「いい」と言われていたものをみんな、アメリカ人も疑い始めている状況なので、やっぱり、戦後の見直しがアメリカでも始まりつつあるので。

そうしたオバマさんの流れのなかで、弱者を救済して、マイノリティなんかにも自由を与《あた》え、平等権を与える時代が来るとしたら、やっぱり、そうしたアメリカ的価値観として先入観があるようなものを、いったん捨てなきゃいけないかもしれませんね。

綾織　なるほど。

蓮舫守護霊　東洋においては、日本がアメリカみたいにちょっと威張《いば》ってて、中国や韓国や北朝鮮や、あるいは、アジアの諸国に対して、日本が白人みたいな顔をして〝威張りすぎてた歴史〟がございますからねえ。それを変えるべきときが来たんじゃないでしょうか。

だから、私みたいなハーフがね、日本のトップに立つことによって、アジアはほんとに一つになるんじゃないですかねえ。

綾織　ほお。では、中国的な価値観が広がるほうがいいということですか。

蓮舫守護霊　いや、まあ、必ずしも「アメリカ的でなきゃいけない」という理由はないということです。

アメリカも変化しつつあるわけだし、中国も変化する可能性はあるわけでね。習《しゅう》近平《きんぺい》さんは、「毛沢東思想《もうたくとう》」風に言ってはいるかもしれないけども、自分の権力の基盤《きばん》が固まったら寛容《かんよう》になるのも、また人の常《つね》ではありますのでね。

綾織　ほお。そう見られますか。

蓮舫守護霊　まだ、いろんなところで「反乱」とか「暴動」とかもあるから強面《こわもて》してやってはいるけれども、おたくの理事長に石川さんみたいな人が座《すわ》りたがるのと同じような理由により、中国も習近平さんみたいな人が載《の》ってるほうが、国がまとまるというようなこともあるわけで。国がもうちょっと楽な感じの運営になれば、「優《やさ》しい人」でもやれるようになるかもしれないわけですよねえ。

綾織　うーん。

「今、中国のほうが資本主義の本場になっている」?

石川　アメリカ的な価値観のなかで、私たちが認めているのは、「自由」、「民主主義」、「神を認める意味における基本的人権」、そして、「市場主義経済」などで、こういう価値観は普遍的であるというように見ているわけです。

では、「中国のなかにそのようなものがあるか」といったら、自由については欠落している部分があるし、民主主義も、ちょっと……。

蓮舫守護霊　そんなことないですよ。経済的にはかなり自由ですよ。今、そうとう自由なんですよ。

石川　一部の、南のほうは自由かもしれませんけれども、やはり、国民のなかには、そうとう、「不平等」というか、「格差」も残っているし、本当の意味の自由が認められているとは思えません。

蓮舫守護霊　いや、日本のほうが不平等ですよ。中国は、儲《もう》かってる人はねえ……。

石川　いや、日本の問題ではなくて、中国の問題を今……。

蓮舫守護霊　中国はね、何千億も儲けてますから、儲かってる人は。大金持ちがいっぱい、ボンボン出てきてるけど、日本は全然、出ないでしょ？　大金持ちなんか存在できないんです、ほとんど。税金で全部やられてしまうし、潰《つぶ》されるから。中国のほうが今、資本主義の本場になってますので。

だから、経済的には、あちらのほうが自由ですよ。政治的な自由を与えるかどうかは、ソ連邦《れんぽう》の崩壊《ほうかい》をよく睨《にら》みながら今、考えているところですからねえ。

5　自民党と民進党、どちらが日本を護《まも》れるのか

もし、蓮舫氏が首相になったら「日米同盟」はどうなるか

綾織　そうなると、「日米同盟」については、どうお考えなのでしょうか。今のまま……。

蓮舫守護霊　要《い》らないんじゃないですか。

綾織　要らないのですか。

蓮舫守護霊　ええ、私が首相になれば、要らないですよ。まったく要らないです。

綾織　そうですか。それは、「(日本) 単独でやっていく」というわけではないですよね？

蓮舫守護霊　ええ？　要するに、隣近所と喧嘩しなければいいだけでしょ？

綾織　はあ。なるほど。

蓮舫守護霊　それなら別に要らないでしょ。アメリカがここまで来てね、核《かく》兵器で脅《おど》す必要もないし、オバマさん自身も核の先制不使用、先制攻撃《こうげき》での不使用とか言ってるわけですから、金正恩《キムジョンウン》がいくらミサイルを撃《う》とうが、オバマさんは何もする気がないということでしょ？

じゃあ、もういいじゃないですか。要らないじゃないですか。やる気ないんだから。

綾織　うーん。

石川　その場合、日本はどうしたらいいのですか。

蓮舫守護霊　え？　日本？　だから、金正恩と仲良くしたらいいんじゃないですか。

石川　金正恩と仲良くしたらいい？（苦笑）

蓮舫守護霊　平和条約を結んでね、仲良くして、プーチンさんみたいに日本の温泉にお呼びして、〝こりゃこりゃ〟したらいいわけですよ。東京温泉にお招きして。それでいいんですよ。簡単ですよ。

経済援助《えんじょ》なんか、日本のね、安倍《あべ》さんが使ってる無駄金《むだがね》の一部でも回してやりゃあね、ほんとに、コロッと変わりますよ、国の感じとしてはねえ。アフリカに三兆円撒《ま》くんだったらねえ、まあ、「北朝鮮《きたちょうせん》に三兆円渡《わた》す」って言ったら、もうコロッと態度が変わりますよ。

綾織　北朝鮮に三兆円を渡したら、それでまた核兵器をどんどんつくっていくことになりますけれども。

蓮舫守護霊　いやいや、そんなことはない。三兆円を渡したら、「日本をアメリカから護《まも》る」と言ってくれますよ、きっとねえ。

綾織　北朝鮮の核で、日本をアメリカから護る？

ケニアで開催された「第6回アフリカ開発会議」のなかで、安倍晋三首相は今後3年間で、アフリカ開発のために官民総額3兆円規模の投資を行うことを表明した(2016年8月27日撮影)。

蓮舫守護霊　北朝鮮が来て、台湾《たいわん》を解放してくれますよ、きっと。いや、台湾じゃない、間違《まちが》えた。沖縄《おきなわ》を解放してくれますよ。
沖縄の米軍基地撤去《てっきょ》・反対運動を沖縄住民が頑張《がんば》ってるけど、北朝鮮の艦船《かんせん》も駆《か》けつけて、「一緒《いっしょ》にやって頑張ろう!」「ジュゴンを護ろう!」って、きっとやってくれますよ。

綾織　なるほど。

蓮舫守護霊　いいじゃないですか。アジアのことはアジアで決める。いいじゃないですか。

綾織　北朝鮮の軍隊だけではなくて、中国軍も沖縄にやってきて護ってくれる?

蓮舫守護霊　いいじゃないですか。負けたふりをして取り込《こ》んでしまうんですよ、逆に。グッと、逆に取り込んじゃうんですよ。

綾織　それは、「取り込んでいる」のですか。「取り込まれている」のではないんですか？

蓮舫守護霊　取り込むんですよ。だから、「北朝鮮と中国の軍事力でもって、日本を防衛する」わけですよ。

そうしたら、アメリカが、もう一回再占領《せんりょう》しようとしないかぎりは、日本は安全ですからね。

「歴史の趨勢《すうせい》から見たら、台湾《たいわん》と中国は一つになるべき」？

吉川　台湾《たいわん》では今、中国からの独立というか、中国とは別の国だという主張が強まってきています。また、民進党（民主進歩党）の蔡英文《さいえいぶん》さんが中華民国《ちゅうかみんこく》総統になりましたが、台湾と中国との関係のところは、どのようにお考えなのでしょうか。

　蓮舫さんのお父様は台湾人ですけれども、蓮舫さんご自身は、旦那《だんな》さんと一緒に中国のほうに留学もされています。

蓮舫守護霊　はい、はい。

吉川　台湾を「一つの独立した国として認めるかどうか」というところは、どのようにお考えなのでしょうか。

中国の海洋戦略から日本と台湾を護るために何が必要か。
『緊急・守護霊インタビュー　台湾新総統　蔡英文の未来戦略』（幸福の科学出版刊）

蓮舫守護霊　まあ、台湾も北京《ペキン》語が通用してますしねえ。お互《たが》い、貿易で投資をし合ってる関係になってますし、車もナンバープレートが「台湾省」で走ってるのもいっぱいございますから。まあ、これは、ほんとに〝あれ〟でしょうねえ。信頼《しんらい》関係だけの問題なんじゃないでしょうかねえ。

中国南部のほうが、そういった資本主義化を進めてる理由も、「香港《ホンコン》、台湾を中国化しても安心できるようにしよう」というデモンストレーションとしてやってきたんだろうと思うんですよねえ。

だから、「決して、北方地域の占領みたいな感じにはならない」というふうに、私は思ってるんですけどね。

経済的な繁栄《はんえい》を失ったら、吸収する意味がまったくなくなるじゃないですか。まあ、そのへんは、中国のほうも考えてはいるとは思うんだけど。アメとムチの両方を持ってるから。

ムチのほうだけ見れば、そう見えるかもしれないけど、よくよく考えてみれば、やっぱり、「国の大きさ」や「歴史の趨勢《すうせい》」から見たら、やがて一つにならなきゃいけないいんじゃないでしょうかねえ。

石川　日本の文明と中国の文明について、どういうお考えを持っていらっしゃるのでしょうか。「もともとは一つだった」ということですか。

蓮舫守護霊　いやいや、今のは台湾の話ですけどね。まあ、台湾が日本に併合《へいごう》されてた時代があるわけですから。

中国が資本主義化してきて、まあ、南部は、少なくとも何億人かは資本主義経済のなかにもう入ってきてますのでね。

それで、香港とか台湾とかも、資本主義経済下で生き残っていこうとしてるわけですから。同じような経済体制を組めるようになっていけば、ある意味で、中国自身が一国二制度を、だんだんに、全国的に、そういうふうになっていくように持っていこうとしてるんじゃないかなあとは思うので。

綾織　ええ。

蓮舫守護霊　それを「悪意」に取るか、「未来は明るい」と取るかという問題なんじゃないかなとは思うんですけどね。

でも、安倍さんみたいに、強い、強面《こわもて》路線で日本の軍備を拡張して、さらに、外国勢力とも連携《れいけい》しながら中国包囲網《もう》をつくろうなんていう感じでやってたら、中国のほうもハリセンボンみたいになってきて、対抗《たいこう》しようとしてくるんじゃないですかねえ。

「民進党についていけば、中国を中心とする共栄圏《きょうえいけん》ができる」？

綾織　歴史の趨勢《すうせい》という考え方でいくと、台湾だけではなくて、「日本も中国のなかに入っていったほうがいい」という考え方になるわけですね？

蓮舫守護霊　まあ、（日本には）一億人以上いますから、いちおう独立国家として存続するだけの規模はあるとは思いますよ。このくらいの国はたくさんありますからね。

五千万人を超《こ》えれば、確かに、独立国として存続できる可能性はあるとは思いますが、先行き人口も減っていく予定になってるし、アベノミクスをいくら言っても、ＧＤＰも伸《の》びませんので。

綾織　うーん。

蓮舫守護霊　中国と戦闘《せんとう》とか何かが行われて、決定的に経済交流が断絶してしまったら、もっともっと日本経済が小さくなっていきますし。

それで、日本が、アジアのほかの国と仲良くしようとしたり、アフリカと仲良くしようとしても、中国が、どんどんどんどん拡張して、そちらのほうにも手を伸ばしていってるというかたちになってくると、日本はだんだん締《し》め込まれていって、先のアメリカにやられたのと同じことが起きる可能性がある。

だから、安倍政権は人気があるように見えて、そちらについていくと、日本は先行き〝ジリ貧〟になっていきます。

逆に、民進党についていけば、日本が駄目になるかもしれないなあと思いつつも、アジア、アフリカのほうとの、すごい共栄圏《きょうえいけん》がまた出来上がる可能性もあるわけですね。

石川　要するに、「中国を中心とする共栄圏」になるわけですか。

蓮舫守護霊　しかたないでしょう。（日本の）十倍の人口があって、GDPは今、二倍以上だし、これから、四倍、五倍と増えていくのは、もう、分かってることだから。

アメリカのGDPを、中国がもうすぐ抜《ぬ》きますから。抜いたら、あなたがたの〝アメリカへの信仰心《しんこうしん》〟が崩《くず》れますよ、まもなく。

綾織　まあ、信仰があるわけではないんですけれども。

蓮舫守護霊　信仰心ですよ、一種の。「先の大戦に負けた」ということだけを、ずっと言い続けて、負け犬になって、尻尾《しっぽ》を股《また》に挟《はさ》んでいる状態なんですよ、日本は。〝アメリカ信仰〟は、そういうかたちになってるんですよね。

先の大戦については、どう考えているのか

石川　蓮舫さん（守護霊）は、先の大戦については、どう思われているんですか。

蓮舫守護霊　いや、私はねえ、まあ、日本が負けたという事実自体はしょうがないけれども、うーん、日本人として、その歴史の清算のところで非常にもたついている感じはありますからねえ。

だから、朝鮮半島と中国とが、日本に対する被害《ひがい》意識を持っているし、それには、ある意味で、理解できるところはありますからね。現実に、日本の陸軍がですねえ、もう、朝鮮半島からシナ大陸まで席巻《せっけん》してたのは事実ですからね。アメリカが「解放軍に見えた」のは事実でしょうから。まあ、それは歴史的には受け入れざるをえないんじゃないかと思うので。

そうであるなら、まあ、それを宗教的に反省するなら、今度はもっともっと友好

的姿勢を強く打ち出していくことが大事なんじゃないでしょうかねえ。

綾織　「(日本が)侵略《しんりゃく》した」というお考えなんですね？

蓮舫守護霊　それは、もうしかたがないでしょう。いくら口で言ってもねえ。あなたがたも、大きな宗教で、〝大人〟の宗教なんですからね。もうすぐ亡《な》くなられるような渡部昇一《わたなべしょういち》さんの、その日本史みたいなのに、いいかげんついていくのは、おやめになったほうがいいんじゃないですか。

綾織　いえ、ついていっているわけではないです。

石川　女性に年齢《ねんれい》を言うのはたいへん失礼ですけれども、今、四十八歳《さい》ぐらいですよね。今のお話は、どういうところの知識を中心にして、そういう考え方を組み立てられているんですか。

蓮舫守護霊　まあ、中華圏からの情報はね、日本人としては、よく入ってるほうですから、どっちかといえば。文化的にも入ってるほうですので。

そして、基本的には、それはまあ、キャスター的には、やや権力批判的な面としての訓練も受けましたんでね。

だから、「絶対権力が絶対腐敗《ふはい》する」っていうのは言われてるじゃないですか、アクトン卿《きょう》の言葉だけど。安倍政権が目指してるのは、今、絶対権力ですから、はっきり言えば。絶対権力をつくろうと、今、あの手この手でやりまくってますので。

警察まで使って、やろうとしてるぐらいですから。あらゆる法律を駆使《くし》して、やろうとしてるし、憲法改正もやろうとして、天皇制のところもなんか怪《あや》しげな雲行きが見えるし。

なんか、これ、「絶対権力」を今つくろうとしてるような、〝安倍王朝〟ができよ

●アクトン卿（1834 ～ 1902）　イギリスの歴史家、思想家。ドイツのミュンヘン大学で学んだ後、イギリスに定住し、下院議員（1859 ～ 1865）を務め、1869 年に男爵に叙された。熱心なカトリック教徒であり、自由主義者として知られる。「権力は腐敗する、絶対的権力は絶対に腐敗する」という格言が有名。

うとしてるような、そんな感じがするので。これには「腐敗臭《しゅう》」を、もう私は感じているんですよね。

だから、もうそろそろ解体しとかないと危ないいんじゃないですか。

6 「憲法改正」「天皇の生前退位《せいぜんたいい》問題」について本音を訊《き》く

日本を「中国圏《けん》」と言い切る蓮舫氏守護霊

石川　ちなみに、蓮舫さんは、教養としては、日本の『古事記《こじき》』や『日本書紀《にほんしょき》』などはお読みになったりしているんでしょうか。

蓮舫守護霊　チッ（舌打ち）。まあ、そんなもの、何か関係あるんですか。

石川　日本人として、日本の伝統とか、神々の流れとか、そういうものを学ぶ、一つの大きな根拠《こんきょ》にはなっていると思うんですけれども、そういうところはどうなんでしょうか。

蓮舫守護霊　聖心《せいしん》女子大から美智子《みちこ》さまが入られ、それから、ハーバード大学から雅子《まさこ》さまが入られる皇室の時代にねえ、そんなねえ、『古事記』、『日本書紀』なんて言ってくるっていうのは、ちょっと……。

あなたがた、なんか、國學院《こくがくいん》がつくった宗教みたいな感じがしますよねえ（会場笑）。それは、あんまり言わないほうがいいんじゃないですか、票が減るだけだから。

綾織　端的《たんてき》に、日本は好きですか。

蓮舫守護霊　いや、いちおう帰化してますから、それはそうでしょう。それは好きでしょう。

綾織　「日本が続いてほしい。繁栄《はんえい》してほしい」と思いますか。

蓮舫守護霊　だって、漢字文化圏《けん》だし、ラーメン文化圏だし（会場笑）、餃子《ギョーザ》文化圏だし、お箸《はし》文化圏だし、お辞儀《じぎ》をするし。ねえ？

綾織　なるほど。

蓮舫守護霊　もう完全に中国圏じゃないですか、実態上。

綾織　（苦笑）中国圏ですね、それでいくと。

蓮舫守護霊　まあ、実態上、二千年以上そうなんですから。だから、あとは「友好関係のつくり方」だけで、地方の違《ちが》いというか、特色を生かすわけなので。

綾織　つまり、「大中華帝国《だいちゅうかていこく》のなかの一つの地方」ということですか。

蓮舫守護霊　やっぱり、「東北と九州が違うように、日本と中国は違う」と言うけども、でも、「同じ文化圏ではある」ということですよね。
だから、同じアジアの文化圏だとは思ってますよ、一つの。

「憲法改正」や「天皇の生前退位《せいぜんたいい》」に対する見解とは

石川　そういう立場でいくと、今、世間《せけん》を賑《にぎ》わせている「憲法改正」とか、「天皇の生前退位《せいぜんたいい》」とかの問題などには、どういうふうに対処していこうとお考えですか。

蓮舫守護霊　まあ、憲法改正は、私が首相になれば要《い》らないですね。安倍《あべ》さんが首相を続けるなら要るでしょうけれども、私が首相になるなら要らない。だから、人の問題で解決できるものを、「制度の問題」にすり替《か》えるのは、あんまり望ましくないんじゃないですか。

石川　「人の問題」というのは、「トップの問題」ということですか。

蓮舫守護霊　要するに、安倍さんに協調性がないだけのことでしょう？　だから、対外協調性がないんですよ。それだけの問題を、わざわざ「法律問題」、「憲法問題」にすり替えるっていうのは、おかしいんじゃないですか？

安倍さんが仲悪いだけのことでしょ？　だから、仲良くできる人からすれば（憲法改正は）要らない。

石川　そうすると、今のこの天皇のお気持ちは、どのように解《かい》されていますか。

蓮舫守護霊　いや、知りませんよ、天皇なんて。生まれつき決まってるようなもんで、民主主義とは何の関係もないんじゃないですか。

石川　でも、憲法のなかに明記されていますけど、どうされますか。

蓮舫守護霊　だから、民主主義とは関係ないんですよ。あれは、マッカーサーが、これ以上アメリカの死人を出したくないために妥協《だきょう》した産物ですから。

石川　うーん。

蓮舫守護霊　ほんとで言やあ、（日本の宗教を）キリスト教に建て替えなきゃいけ

報道では知りえない陛下の御心が明らかに。
『今上天皇の「生前退位」報道の真意を探る』
（幸福の科学出版刊）

なかったところを、諦《あきら》めたんでしょ？　まあ、「本土上陸をして、支配したら、米軍も百万人は死ぬ」と見て。ああいう、今のイラクとかシリアみたいな感じになると見て、泥沼《どろぬま》化すると思って、妥協した産物がこれでしょ？

「かたちとしての天皇制は残す。しかし、実質権力は奪《うば》い去る」、まあ、こういう妥協の産物が、今の日本国憲法のスタートでしょ？

だから、〝飾《かざ》り〟としてはいいですけども、それ以上のものではありませんので。また、明治天皇みたいに、元首みたいに担《かつ》いで、戦争の「錦《にしき》の御旗《みはた》」にする気も私はないし。

やっぱり、民主主義ということで言えば、どう考えたっておかしいので。まあ、戦前の体制を維持《いじ》しているように、外だけ見せているけども、今上陛下《きんじょうへいか》は、はっきり言えば、やめたがってるじゃないですか、この天皇制自体。

綾織　まあ、天皇制自体は護《まも》ろうとされていると思いますね。

蓮舫守護霊　「殯《もがり》の習慣は嫌《いや》だ」とか、宮中で和歌を詠《よ》んだりするので、雅子さんもあんなふうに、ちょっと精神的に追い詰《つ》められてるっていうか。「もうこんな古びた文化は嫌だ」、「四十キロもあるような十二単《ひとえ》を着て廊下《ろうか》を歩いて結婚式《けっこんしき》をするのは、もう勘弁《かんべん》してくれ」って思ってる感じが、もう、ひしひしと感じますよ、私なんか。ウエディングだけで軽くやりたいんでしょう？　ほんとはね。

蓮舫氏守護霊が考える「日本と中国の関係」

綾織　ただ、中国のなかに取り込《こ》まれていくことになると、天皇制度自体が消し込まれていってしまうんですけれども、「それはそれでいい」というお考えですか。

蓮舫守護霊　うん、大丈夫《だいじょうぶ》ですよ。だから、中国文化圏に入っても、お米は食べられるし、ラーメンは食べられるし、生活に不便は何もないですよ。

●殯　死んだ人を葬るまでの間、屍《しかばね》を棺《ひつぎ》に納めて仮に安置すること。皇族は、天皇が崩御され火葬されるまでの間、天皇の遺体のそばに控えて故人を偲《しの》ぶ。昭和天皇の場合、崩御されてから「大喪《たいそう》の礼」までの殯の期間が約50日あった。

吉川　もし、蓮舫さんが総理になられたら、「中国に吸収される」というようなイメージなんですか。

蓮舫守護霊　それは、ある意味では、「日本が中国を吸収する」ということでもありますから、日本が中国を吸収し、中国が日本を吸収する。お互《たが》いに吸収し合って、まあ、言えば「ゲイのカップル」みたいなもんかもしれませんけれども（笑）。まあ、そんな感じになるということですよね。

綾織　最初の話に戻《もど》りますけれども、そうなると、共産党との連携《れんけい》、共闘《きょうとう》については、まったく問題ないという話になりますね。

蓮舫守護霊　いや、日本共産党は中国共産党と違いますので。

綾織　まあ、違いますけれどもね。

蓮舫守護霊　中国共産党が入ってきたら、日本共産党なんか解体されますから、あっさりと。

綾織　ああ、確かにそうですね。

蓮舫守護霊　あんなの絶対おかしいんで。あれは、ガラパゴス諸島のトカゲの進化みたいなもんで、ガラパゴス諸島で独自に進化したトカゲみたいなもんなんで。

日本共産党を、中国共産党は必要としないと思いますね。まったく必要としない。

綾織　民進党が必要とされる？

蓮舫守護霊　ああ、民進党で十分でしょう。もう要らないでしょうね、ああいうものはね。

綾織　なるほど。これは（笑）、だんだんですね……。

蓮舫守護霊　嫌ですか？　中国、十何億ですよ。もうすぐ十四億。

綾織　「蓮舫さんが民進党の代表になっていいのかどうか」という気持ちになってきました。

蓮舫守護霊　十四億のところと敵対してねえ、あんたね、核《かく》兵器で武装してもいいけども、核で、この近所で撃《う》ち合うんですか、ほんとに。

石川　今日、お話しになっているような考え方というのは、一般《いっぱん》的に、党員の方とか仲間とかともお話しにはなっているんですか。みなさん、「蓮舫さんというのは、こういうお考えの方だ」っていうのはご存じなんでしょうか。

蓮舫守護霊　うーん、それは知らないだろうけれども。

石川　ああ、知らないですか。

蓮舫守護霊　まあ、やや、何て言うの？　そらあ、「左翼《さよく》というよりはリベラリズムというか、そちらの立場で、やっぱり、安倍権力政権みたいなのは批判的な立場で見てる」ことぐらいは分かるでしょうね。

石川　なるほど。

綾織　まあ、そういう外交、国防のところは、だいたい分かりました。

蓮舫守護霊　あっちの、自民党の二階《にかい》幹事長よりはまともでしょう？　私のほうがよっぽど。言ってることは。

綾織　（笑）いや、まあ、言い方の問題で、ほぼ同じですよね（会場笑）。

蓮舫守護霊　いやあ、あっちは、ただの〝化《ば》け物〟ですからね。

綾織　まあ、見た目は確かに違いますけれども、内容的には、「方向性」と「結論」

はまったく同じですね（笑）。

蓮舫守護霊　私は、はっきりしてますから。はっきりしてますから、別にいいんですよ。

だから、ラーメンは残るんだって！　ラーメン！

綾織　まあ、ラーメンは残るとありがたいですけどね（笑）。

蓮舫守護霊　餃子も残るんですよ（手を一回叩《たた》く）。中華料理も残るんですよ。

綾織　日本食はお嫌《きら》いですか。

蓮舫守護霊　日本食は、だから、やや中華風になるかもしれないけど、まあ、残すことはできますよ。

綾織　なるほど。

「天皇陛下《へいか》は民主主義に不快感を示しておられる」

石川　幸福の科学は宗教ですので、宗教の立場から日本という国を見たときに、いちばん残すべきは、「二千七百年間、ずっと続いている王朝」です。

蓮舫守護霊　いやいや、そりゃ要らない。

石川　もちろん、民族は変わらずにです。中国は、民族がどんどんどんどん変わっていっていますよね。

蓮舫守護霊　全然要らない。全然要らない。幸福の科学があれば、そんな、日本の二千七百年の王朝は要らないんです。

石川　いえ。幸福の科学も、その伝統は引き継《つ》いでいるわけで。

蓮舫守護霊　いや、要らないでしょ？　いや、それは〝方便〟でしょ？　分かってるんだから、言わなくていいのよお。

石川　いやいや、お聞きしたいのは、「日本固有のもののなかに残したいものは何かないですか」ということです。どうお考えになりますか。

蓮舫守護霊　だから、あんな、皇室がなんで江戸城《えどじょう》になきゃいけないのよ？　あれ、徳川《とくがわ》家のもんじゃないの。早く返さなくちゃ、徳川家にねえ。徳川さんのところに居候《いそうろう》してるんじゃないですか。あんなの皇室関係ないじゃない、何にも。

綾織　それは、京都がいちばんいいとは思いますがね。

蓮舫守護霊　橿原神宮《かしはらじんぐう》に帰ったらいいですよ、橿原神宮。

綾織　橿原神宮？　それもあるかもしれないですね。

蓮舫守護霊　あそこで祭り事をやっとればいいじゃないですか。あるいは、伊勢《いせ》神宮でやっとればいいんで。

江戸城なんかに住み込むから、日本にいろんな不幸がいっぱい起きてしょうがないんじゃないですか。〝徳川の呪《のろ》い〟で、ねえ？

綾織　まあ、あるかもしれませんね。

蓮舫守護霊　だから、二千七百年も、まあ、いいですよ。あってもいいけど、それはなんか、（皇室は）伊勢神宮か橿原神宮か、そういう神宮の敷地《しきち》内に存在したほうがいいんじゃないですか。

石川　ただ、そういうものをつくっていた、連綿とした文明があるので、「お隣《となり》の中国よりも、実は日本のほうがもっと古くて、伝統的なものを持っているんじゃないか」という考え方なんです。これはどうですか。

蓮舫守護霊　いや、それがいいかどうか分かりませんよ。

例えば、秦《しん》の始皇帝《しこうてい》の子孫がいまだに中国に生きていてですね、支配してるというんだったら、それは、民主主義国から見たら怖《こわ》いでしょうねえ。「まだいるのか、秦の始皇帝の一族は」って、やっぱり思うでしょ？　どうですか。

綾織　権力を握《にぎ》っていなければ、まったく問題ないと思います。

蓮舫守護霊　だからね、秦の始皇帝の兵馬俑《へいばよう》がねえ、あのへんがこう、ミイラが復活するような映画なんかがつくられたりするわけですから。怖いわけですよね、そういうのが出てくるのはねえ。

だから、そういう絶対権力っていうのは怖いもんだからね、そんなにありがたがっちゃいけないんですよ。

それは、文化の一部としては、残しておきたい気持ちは分かるけれども、それだったら、宗教の境内《けいだい》のなかに囲い込んでいくのが基本的によくて、やっぱり、実際上の権力の近くに置くべきではなくて。

「天皇陛下《へいか》がご存在しなかったら、国会も開会できず、閉会もできない」なんていうんじゃ、これ、万一《まんいつ》ですね、ああいうふうな〝サボタージュ発言〟をいろいろされたりしたら、ほんとに民主主義が閉鎖《へいさ》されちゃうから。「上からの革命」で閉鎖される可能性がありますよ、これは気をつけないと。

綾織　民進党に対しては、また不快感を示される可能性はありますね。

蓮舫守護霊　いや、安倍さんにも不快感を示すし、共産党にも不快感でしょうから。全部に不快感を示しておられるから、天皇陛下はですねえ、民主主義に不快感を示しておられるんですよ。

綾織　うーん、そこまでは言えないかなと思います。

「自由は権力である」と主張する蓮舫氏守護霊

蓮舫守護霊　だから、エンペラーになりたいんでしょ、もとの。それは、中国の独裁政権みたいなのになりたいわけですよ。

綾織　いえいえ。そんな方ではないと思います。

蓮舫守護霊　習近平《しゅうきんぺい》みたいな力がほんとは欲《ほ》しいんですよ。

綾織　そんなことはないと思います（苦笑）。

蓮舫守護霊　そしたら自由になれるから。だけど、今、自由がないからね。自由と権力はね、近いんですよ。あなたがたは「自由」「自由」と言うけど、自由っていうのは権力なんですよ。自由のままに行ったら、欲望の強い者が権力を握るんですよ。

だけど、「権力」を握らせてくれないから「自由」じゃないんですよ。籠《かご》の鳥になってるんですよ。そこが、「もう嫌だ」と言ってるわけですね。そういうことなんですよ。

「嫌な判子《はんこ》をつかされる」、「サインさせられる」、「共産党が出てくるか出てこないか、向こうのオプションにかかわらず、国会に出てきて座《すわ》っていなきゃいけない」とかですねえ。まあ、バカバカしくて、もうやってられないんですよ、きっと。

綾織　まあ、そういう気持ちもおありかもしれません。

蓮舫守護霊　だから、今、会社の寿命《じゅみょう》が短いんですから、「皇室二千七百年」が、そんなにうれしいことでも何でもない。

7　経済政策も、やはり「中国シフト」なのか

安倍《あべ》内閣を「倒産《とうさん》内閣」と評する蓮舫氏守護霊

綾織　ちょっと、お伺《うかが》いしておかないといけないところがありまして、外交・防衛で、中国に吸収されていくのは分かったんですけれども。

蓮舫守護霊　いや、こちらが吸収もするわけですよ。

綾織　はい。まあ、吸収もすると。

蓮舫守護霊　うーん。

綾織　ただ、その前の時点で、国民の側からすれば、仮に民進党が政権を取ったとして、「どういう経済政策を掲《かか》げ、どういう経済運営をしていくのか」というのも関心が高いところです。

また、最近のインタビューで、蓮舫さんは、「お金の使い方を人に向けていく」という話をされていますが、これは若干《じゃっかん》、鳩山《はとやま》政権のときの「コンクリートから人へ」というフレーズと重なるところがあります。「結局、同じなのかな」という見方もあるのですが。

蓮舫守護霊　いや、安倍《あべ》政権だって、やってることは一緒《いっしょ》じゃないですか。低所得層に金をばら撒《ま》いて、まあ、格差是正《ぜせい》するしか方法はないんでしょ？

綾織　まあ、それをやっていますね。

蓮舫守護霊　それ以外に道はないんだから、しかたないじゃないですか。社会福祉《ふくし》をやらないかぎり、選挙で勝てないんだから。結局は一緒なんで、言い方だけの違《ちが》いですよ。

綾織　ああ、なるほど。じゃあ、安倍政権とも同じことをやるわけですか。

蓮舫守護霊　いやあ、安倍政権のほうは、まだちょっと大企業《だいきぎょう》の味方をしてる面があるからね。大企業が内部留保をいっぱいしてて、従業員の給料を上げないでいるところ？　やっぱり、あれは、自民党もなかで狙《ねら》ってるとは思うんですよ。

綾織　そうですね。議論は続いています。

蓮舫守護霊　「内部留保に税金をかけようかどうか」って狙ってるけど、民進党になれば、もうちょっと明快にはなるでしょうね。

綾織　ああ、明快に。

蓮舫守護霊　やっぱり、「人を中心」でしょ？　だから、安倍政権ができるのは……、まあ、政府には内部留保がまったくありませんからね。だから、内部留保もまったくないのに、公務員のベースアップはちゃんとやって、ボーナスをポンポン出していらっしゃる。

これ、民間も同じようにしようとしてるんでしょ？　だから、安倍内閣って、要するに「倒産内閣」ですよね。まあ、日本国を倒産させようとしてるんですけども。

石川　基本的な主張はどちらですか。「大きな政府」側ですか、それとも、「小さな政府」側ですか。

蓮舫守護霊　うーん……、基本的にはだから、日銀が潰《つぶ》れるとしたら、あと、中国に責任を取ってもらおうと思ってる。

石川　あっ、中国に責任を取ってもらう（笑）。

蓮舫守護霊　うん、うん、うん。中国に助けてもらうつもりでいる。

石川　それは、「政府がない」という方向ですか（笑）。

蓮舫守護霊　ええっ？

石川　「小さな政府」じゃなくて、「政府が要《い》らない」っていう方向ですか。

蓮舫守護霊　まあ、「外国との協調において、国の存続を図《はか》ろうとしてる」ということ。

だから、日銀の黒田《くろだ》総裁は、もうすぐ追い詰《つ》められて自殺するから、たぶん。まあ、安倍政権の責任を全部負わされるから、正月ぐらいには首を吊《つ》ってるでしょう、きっと。

「ほんとに、主権在民だと思ってるわけ？」

石川　日本国民の主権については、どうでしょうか。

蓮舫守護霊　ええ？　主権？　何が？　主権って何？

石川　要するに、主体的に判断し……。

蓮舫守護霊　そんなもん、もともとないじゃない。どこにあるの？　投票権だけじゃない、主権と言えるようなものは。

石川　「もし、それがないんだったら取り戻《もど》し、国民に与《あた》える」というのが政治家の仕事なんじゃないでしょうか。

蓮舫守護霊　いやあ、主権は事実上ありませんよ。それは安倍政権が全部持ってるし、主権は安倍政権にあるわけで。安倍政権が主権を持ってるんで、天皇陛下《へいか》にもないし、国民にもないですよ。

石川　いや、私たちも選挙はしたりとかですね。

蓮舫守護霊　だけど、あなたがたは主権を行使してるつもりでも、まったく（票が）入らないじゃないですか。

石川　いや、でも、行使はしておりますから。

蓮舫守護霊　国民は、百万票ぐらい、私に入れてくれるからね。

石川　そうですね。

蓮舫守護霊　私には、百万人分ぐらいの主権はあるわけですよ。うーん、まあね。

綾織　仮に民進党政権ができたときは、主権というか、権力が集約されるわけですよね。そのなかで何をするのですか。

蓮舫守護霊　中国が主権在民だと思ってるの？　ほんとに。まあ、それは、言葉はいくらでも選べますけどね。アメリカだって、ほんとに主権在民だと思ってるわけ？　そんなことはないですよ。まあ、票数は増やしたいから、そういう言い方は……、建前《たてまえ》はするけど、本質は、そんなことありませんよ。

本質は、やっぱり「権力闘争《とうそう》」ですから。権力闘争で勝った者が、自分たちの権限を拡大していくようにやっているだけですからね。

石川　でも、日本とかアメリカの場合は、ソブランティー（主権）というか、権力を与えるほうは国民ですよね、今ね。

蓮舫守護霊　まあ、それは、建前っていうやつですから。

石川　いや、そのプロセスを取らないと主権にはならないので。

蓮舫守護霊　まあ、「中華《ちゅうか》人民共和国」、「朝鮮《ちょうせん》民主主義人民共和国」……。

石川　いや、中国のほうは別として、日本やアメリカの場合です。

だから、どなたが蓮舫さんに権威《けんい》を与えてくれることになるんですか？

蓮舫守護霊　まあ、それは、一種の何て言うか、仮説みたいなもんですからねえ。

石川　仮説？

蓮舫守護霊　だから、天皇陛下が権力をくれてもいいし、神様がくれてもいいし、仏様がくれてもいいし、「人民にある」という言い方をしてもいいし。まあ、これはちょっと、フランス革命以降、かぶれすぎてる考え方なんでね。

これが正しいかどうかは、ほんとは疑問の余地がないわけではないんですけどね。だって、「人民に主権がある」って、乞食《こじき》にも主権があるわけですからねえ。だから、天皇には投票権がなくて、山谷《さんや》の乞食には投票権があるわけですからねえ。まあ、考えようによっては、おかしい話ですけどね。

日本と中国の「経済共同体」のあり方を示す

綾織　このままで行くと、経済政策も「中国にお願いします」となって、「中国に吸収されます」ということになります。

蓮舫守護霊　そうなんじゃないですか。今はもう、デパートも交通機関も観光産業も、みんな中国頼《だの》みですよ。

だから、中国人がよく来てくれるかどうか、これにかかってますから。もう、ちょっとでも伸《の》ばさないと、デフレスパイラルで落ちていきますから、ドーンと。もうすぐ紙くずになりますから、一万円札も、それから日本国債《こくさい》も。アベノミクスのままだったらね。

綾織　仮に、アベノミクスが終わり、民進党が……。

蓮舫守護霊　だから、次にやるべきことは、「中国に日本国債を買わせること」なんですよ。

そういうことで、運命共同体にして、日本が潰れたら向こうも潰れるように仕向けるのがいちばんなんで。

「日本人が日本国債を買ってるから安全だ」なんちゅうのが、あんたがたの考えなんだろうけど。

綾織　それだけではないですけどね。

蓮舫守護霊　日本人が買ってたら、それは危ないんで。自分たちで勝手に練炭《れんたん》自殺するようなもんなんで。

綾織　うーん。

蓮舫守護霊　中国人の金持ち、ビリオネアに、日本国債をいっぱい買わせれば！　日本に潰れてもらっては困るから。向こうは、日本が潰れないように爆買《ばくが》いツアーを組まなきゃいけないし、日本の土地を買ったり、観光地にいっぱいいろんなものを建てたり、いろんなことをし始めますから。
まあ、それで、経済共同体が進んでくるので、いいじゃないですか。

綾織　これは、確かに、結論がスパッと出てきて面白《おもしろ》いんですけれども（笑）。

蓮舫守護霊　面白いでしょ？

石川　面白いですねえ（笑）。

蓮舫守護霊　面白いでしょ？　うーん。

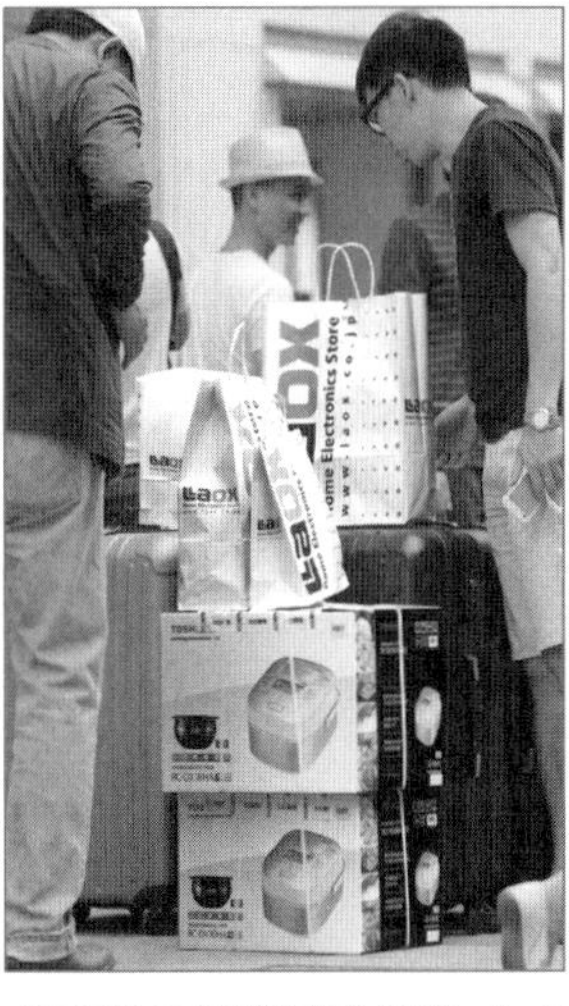

日本製の電器製品を爆買いした訪日観光客（東京都中央区銀座、2015年6月14日撮影）。

綾織　ただ、このお話は、国民の方が読まれたり、観《み》られたりします。

蓮舫守護霊　まあ、左翼《さよく》のマスコミは、これ、ちゃんと理解すると思いますよ、私の言ってること。

「アベノミクス」っていうのは、もうほんと、秦《しん》の始皇帝《しこうてい》がずーっと統治するようなことをやろうとしてるからね。

綾織　はい。

蓮舫守護霊　うん。そうは言ったってね、中国といえども、あんな習近平《しゅうきんぺい》でも、やっぱり、十年以上続けるのは難しいですよ。必ず内乱が起きますから、それをやったら。

綾織　ああ、そういうお考えなんですね。なるほど。

蓮舫守護霊　うん。だから、あっちも政権交代がある以上、やっぱり、民主主義なんですよ。

綾織　うーん。

蓮舫守護霊　うん、いちおうね。うん。

綾織　でも、「そこに飛び込《こ》んでいく」というのが、経済政策のお考えですね。

蓮舫守護霊　うん。というか、まずは戦争を止《と》めて、経済拡大をしたら、けっこう、日本としては当面の課題を乗り越《こ》えられるじゃないですか。うん。

で、中国の懐《ふところ》に飛び込むことによって、北朝鮮だって封印《ふういん》できますから、事実上。

中国が、重油から、電力から、食糧《しょくりょう》の供給とか、みんな止めていったら、北朝鮮なんか、もう震《ふる》え上がって終わりですからね。

だから、止められるんだけど、止めてないだけですから。中国のあれで、止めることはできますので。北朝鮮はコントロール可能になりますから、北朝鮮の核《かく》兵器に対して防衛システムを組む必要はなくなるんで、中国の懐のなかに飛び降りればいいんですよ。

「一位は中国、二位は日本、三位は台湾《たいわん》でいいんじゃないですか？」

綾織　そうなると、最初のほうに出ましたけれども、「二位じゃダメなんでしょうか」というのは……。

蓮舫守護霊　それでいいじゃない。

綾織　まさに……。

蓮舫守護霊　まさしく二位でいいんですよ。

綾織　一位は……。

蓮舫守護霊　中国。

綾織　中国。

蓮舫守護霊　二位は、日本。

綾織　はい。

蓮舫守護霊　三位は、台湾《たいわん》。うん。

綾織　ああ。そういう位置づけであると。

蓮舫守護霊　うん。台湾、韓国《かんこく》。まあ、その感じでいいんじゃないですか？　うん。

石川　幸福の科学は「世界ナンバーワン主義」なんですけど、そのあたりについては……。

蓮舫守護霊　ああ、それは欲が入りすぎてますね。うん。

石川　（笑）要は、理想としてですが、そういうところに来て、「（幸福の科学と）

手を組みたい」というのは、その考え方からすると、ちょっとズレがありませんか。

蓮舫守護霊　そういう欲は、欲は……、まあ、全力で戦えばね？　教団が全力を挙げれば、私の票ぐらいは集められるんでしょ？　そんな、私がつくった票ぐらいは集められるんだろうから。

おたくと組むことで、蓮舫が〝もう一人分〟ぐらい出てきたような効果が民進党に与えられるということであれば、おたくの勢力を吸収してもいいと思っていますよ。うん。

だから、教義を少し変えてくださいよ。

アメリカ寄りといったって、アメリカはもう終わってるから。先行きがもうないので、アメリカも、この前の二〇〇八年のリーマン・ショックで終わったんですよ。終わった国なので、これから〝砂漠《さばく》化〟していくんですよ、どんどん。

次は「中国の時代」が来るから。これから、中国が百年以上、また発展していきますので。もう、完全に「中国シフト」をかけたほうが、宗教としても生き残れますよ。「中国礼賛《らいさん》」していたら、宗教活動は自由ですよ。

石川　いや、私たちは、これからは「日本の時代」だと思っています。

蓮舫守護霊　これはもう、終わった、終わった。「日本の時代」なんか、とっくにもう、七十一年前に終わっています。

「崩壊《ほうかい》寸前の中国経済を支える柱」として日本の全財産を差し出す?

吉川　でも、今、すでに中国も経済が崩壊《ほうかい》しかかっているということについては……。

蓮舫守護霊　いやいや、大丈夫《だいじょうぶ》、大丈夫。崩壊しないように、日本経済を吸収しなきゃいけないんですよ、今。日本の財産を全部中国に吸収して、崩壊しないように支えなきゃいけないんで、ええ。

吉川　では、日本は貧しくなってしまうんですか。

蓮舫守護霊　貧しくなるというか、まあ、中国経済を支える一本の柱となる、重要な柱になることだし、西側への防波堤《ぼうはてい》にならなきゃいけないわけですね。ええ。中国を護《まも》るために、西側への〝防波堤〟に……。

綾織　中国を護る？

蓮舫守護霊　ええ。西側への……。

石川　でも、もし、蓮舫さんのように、争いがなくなって、経済だけを発展させて、戦争が起こらないというような考え方でいくと、よく言われるように、これから先は、やはり、大変な「デフレ経済」になるわけですよ。

「デフレ経済」になると、生産者よりも消費者のほうが強くなるので、いちばん厳しいのは、実は中国なんですよね。「これからのデフレ経済のなかで、中国経済は決定的に崩《くず》れていく」という見方をしている人もいるんですが、それについてはどうでしょうか。

蓮舫守護霊　何か、あなた、机上《きじょう》の空論《くうろん》、ずっと言ってるんじゃないの？

石川　いえ、机上の空論ではなくて……。

蓮舫守護霊　だからねえ、日本人がつくってる中華、中華ラーメンや、日本人がつくってる餃子《ギョーザ》とかを、本場の料理人が来てつくるようになるっていうだけのことですから、何にも悪くならないですよ。ええ。何にも悪くならない。

それから、日本のゼネコンなんか、広々とした中国大陸、全部、これ、建てていいんだと思ったら、そらあ、うれしいだろうなあと思いますよね。ええ。

望みは、中国に吸収されて「大中華帝国《だいちゅうかていこく》の東京支部」となること？

吉川　中国に吸収されるというお考えですが、チベットとか、ウイグル、内モンゴル等については、どのようにご覧になっていますか。

蓮舫守護霊　もう、彼ら、大喜びだから。中国に、今。

吉川　喜んでいる？（苦笑）

蓮舫守護霊　ええ。中国国民になれて大喜びですので。

さらに、やっぱりね、パキスタン、インドまで吸収しなきゃいけないでしょうね、中国としては。やっぱり、「大中華帝国《だいちゅうかていこく》」を築かなければ。パキスタンとインドを吸収したら、これでおそらく二十五億から三十億人ぐらいの国家ができるから、これ、世界人口の半分近い大国家ですよ。すっごい「大帝国」ができますよ。

このなかの〝東京支部〟として活躍《かつやく》できるっていうことは、やっぱり、うれしいじゃないですか。

綾織　東京支部なんですか。

蓮舫守護霊　ええ。「大中華帝国の東京支部」として生きられるということは、素《す》晴《ば》らしいことですよ。

8　蓮舫氏守護霊が語る「宗教観・信仰観《しんこうかん》」

目指すは「日本のジャンヌ・ダルク」

綾織　蓮舫さんはもう、ほとんど中国共産党の人みたいですけど（笑）。

蓮舫守護霊　その代わり、君たちには、あなたがたにはね？　フカヒレを食べられる権利をあげますから。フカヒレをどんどん食べさせてあげましょう。うん。

綾織　まあ、そんなにたくさんは食べられないので（笑）。すみません。ちょっと気になるところとして、蓮舫さんの宗教心とか信仰心《しんこうしん》というのは、どんな感じなんでしょうか。

蓮舫守護霊　いやあ、宗教心はありますよ。あなたがたも、ちゃんと教えのなかで説いてるじゃないですか。「神様仏様ったって、昔の偉《えら》い人のことなんだ」と言ってるでしょう？　だから、今の習近平《しゅうきんぺい》みたいな人が、みんな、〝あんな神様〟になるわけよ、あれ。

綾織　習近平が神様になる？

蓮舫守護霊　ああいうのは、死んだら「天帝《てんてい》」になるわけね、中国においてはね。

綾織　ああ、なるほど。はい、はい。

蓮舫守護霊　日本では、安倍《あべ》さんが今、「神様になろう」として頑張《がんば》ってるわけよ。

吉田松陰《よしだしょういん》神社よりも大きい〝安倍神社〟を建てようとして、今、頑張ってるわけよ。

綾織　ああ、ああ、ああ。

蓮舫守護霊　安倍晴明《あべのせいめい》よりも、もっと大きい神社を建てたいなあと、神様になろうとして頑張ってるの、ね？

綾織　うん。

蓮舫守護霊　アベノミクスが成功したら、そうなれた可能性がある。だけど、失敗するから、神様にはなれないで、残念ながら、何と言うか、太宰府天満宮《だざいふてんまんぐう》みたいな感じの、流罪《るざい》の神様みたいな感じの、祟《たた》り神系になるでしょうね、きっとね、うん。

綾織　あなたにとって、神様は習近平さん？

蓮舫守護霊　いや、そんなことはないですよ。私も今、「神様になろう」としてるところですからね。

綾織　ほう。

蓮舫守護霊　ええ。日本を救う神様になろうとして、〝日本のジャンヌ・ダルク〟ですよ。小池《こいけ》（百合子《ゆりこ》）さんじゃなくて、私がね。

綾織　うーん。あなたが信じている神仏の存在というのは、いないんですか。

蓮舫守護霊　うん。私は、そういうね、国民主権っていう建前《たてまえ》の下《もと》、国民の支持を受けてるものは、やっぱり、基本的に〝神様・仏様の代わりになる〟っていうのが民主主義制度だと思ってるから。

だから、神様・仏様、霊能者《れいのうしゃ》か何かには分かるのかもしれないけれども、一般《いっぱん》国民には分からない。一般国民には分からないから、騙《だま》されやすいので、そういう〝騙されやすい制度〟よりは、やっぱり、「みんなが投票してくれて選ぶ人が最大の権力を持って、それでみんなの最大幸福のためにやれば、神様・仏様と同じなんだ」という考え方で、中国には神様・仏様が要《い》らないのは、偉大《いだい》な国家主席がいるから必要がないと。毛沢東《もうたくとう》だって、もう、〝神様〟ですよね、〝神様〟になってるわけですから。まあ、そういうことですよ。

だから、別に、あなたがたの信仰心と変わらないわけですよね、そういう専制国家もね。大して変わらない。

「先の大戦の戦犯《せんぱん》である日本の神々は処刑《しょけい》すべし」と極論を吐《は》く

綾織　日本の神様は、特に信じていらっしゃらないんですね？

蓮舫守護霊　ああ、日本の神様は、先の大戦のときに、いちおう一掃《いっそう》されなければいけなかったのを……。

綾織　ああ、一掃されないといけない？

蓮舫守護霊　まだね、〝野山獄《のやまごく》〟につながれているので、やっぱり、これを出してやって、早く〝処刑《しょけい》〟してやらないと……。

綾織　あっ、〝処刑〟ですか。

●野山獄　長州藩の武士階級の者を収容する牢獄のこと。1854年、海外密航に失敗した吉田松陰《よしだしょういん》は萩《はぎ》に戻され、この野山獄に投獄された。

蓮舫守護霊　ええ、ちょっと、七十何年も置いといたので、よくないですね。早く一掃しないといけない。

綾織　えっ？　それは、天照《あまてらす》様をはじめ、みな、〝処刑〟なんですか。

蓮舫守護霊　それは戦犯でしょう？　だから、戦犯の神々は、やっぱり、もう、処刑しなければいけないでしょうね、うーん。

綾織　ここまでおっしゃる方というのは、かなり珍《めずら》しくて（笑）。

蓮舫守護霊　ああ、そうですか？　珍しかったかなあ？

綾織　ええ。

蓮舫守護霊　そうですか、私、やっぱり、はっきり言ったほうが、国民はよく分かるからいいと思って。

綾織　まあ、はっきりしていますね（笑）。

蓮舫守護霊　ええ、はっきりしてますよ。

綾織　なるほど。

吉川　その、「天照大神《おおみかみ》様の子孫《しそん》としての天皇」というものは……。

蓮舫守護霊　そんなのは、誰《だれ》もＤＮＡ鑑定《かんてい》してないから分かりません。そんなもん、どうやってして調べたんですか。

吉川　（苦笑）

蓮舫守護霊　天照様の骨が遺《のこ》っているなら、それは子孫か調べられるけど、ないんだから。「石ころ」ぐらいしかない。「鏡」ぐらいしかないんでしょう？　遺ってるのは、箱のなかに入ってる「石ころ」か「鏡」でしょう？　ＤＮＡ鑑定不可能ですから、子孫かどうか分からない。そういうふうな嘘偽《うそいつわ》りは、いくらでもつくれますからねえ。まあ、それはちょっと信じられない。うん。

吉川　天皇も存続していく必要はない、というようなお考えなんですか。

蓮舫守護霊　いや、別に、だから、文化的に日本人が必要とするんだったら、橿原《かしはら》神宮《じんぐう》とか伊勢《いせ》神宮のなかにお住まいを移したら……。

伊勢神宮だって、もう、大きな境内地《けいだいち》と山をいっぱい持っていますから、あのなかに皇居を建てられますよ、十分に。それでいいじゃないですか。

政治のほうは、国民投票によって主権者が選んで、時の権力者を次々出して、その人がやればいいわけで、「江戸城《えどじょう》のなかには〝幕府〟が入るべきだ」と言っているわけで、私は。それに対して、反対はしてない。うん、何にも。

日本神道《しんとう》を未開の宗教と決めつける蓮舫氏守護霊

綾織　一つ、お伺《うかが》いしますけれども、日本の方でいらっしゃいますか？

蓮舫守護霊　えっ？

綾織　蓮舫さんの守護霊様は、ご自身が「守護霊」という認識はおありですよね？

蓮舫守護霊　うん、まあ、そうでしょうねえ。まあ、そうなんじゃないですか。

綾織　日本の方ですか？

蓮舫守護霊　うん、まあ、そうなんじゃないですか、うーん。いや、「に」？　えっ、えっ、え？　何、何、何？

綾織　日本人。日本人ですか。

蓮舫守護霊　ああ、そういう「日本人」なんて考えたのは、それはねえ、坂本龍馬《さかもとりょうま》か勝海舟《かつかいしゅう》あたりが、初めて「日本人」っていうことを考えたんであって、それまで、

「日本人」なんて考えはなかったんですよ。それはねえ、司馬遼太郎《しばりょうたろう》もそう言ってますよ、「日本人」なんて考えはなかったんですよ。

綾織　うーん。

蓮舫守護霊　坂本龍馬か勝海舟かどっちかですよ、「日本人」って考えたのは。明治から日本国家はできたんだ。初めて「日本人」っていう概念《がいねん》ができたんだ。それまではなかったんですよ。やっぱり、中国の一州で、台湾《たいわん》みたいな存在だったんですよ、日本自体はもともと。うん。

綾織　ただ、やはり、日本神道《しんとう》はずっと続いてきていますし、日本人の特性というものはあります。

蓮舫守護霊　だけど、それはもう、はっきり言えば、外国から見れば「アフリカの部族の宗教」みたいなもんだから。もう恥《は》ずかしいから、そろそろやめましょうよ、ねえ？

綾織　それは、日本人として恥ずかしく思うんですか？

蓮舫守護霊　いや、世界的に恥ずかしいでしょう？　その、日本神道って、あれですよ。もう、ボルネオなんかの昔の酋長《しゅうちょう》たち、人食い人種の祭りとそっくりで、死者の肉を食らって、一緒《いっしょ》にこう、ね？　死骸《しがい》と一緒に寝《ね》たりするような感じ？　あの感じ、そっくりだもん。うーん。アニマ（魂《たましい》、霊魂《れいこん》）を移すんでしょう？

綾織　うーん。

蓮舫守護霊　前の天皇のアニマを、一カ月も一緒に添《そ》い寝して、次の天皇に移すんでしょう？　これ、ボルネオあたりの宗教ですよ、ほとんど、たぶん。

石川　いや、それは「霊的《れいてき》な資質が高い」ということだけであって……。

蓮舫守護霊　気持ち悪いです、考え方が。

石川　日本の場合には、「神道」の下《もと》に、「仏教」も受け入れましたし、「儒教《じゅきょう》」も受け入れてきていますし、非常に寛容《かんよう》で、これから世界でいちばん必要とするところを持っているわけです。

蓮舫守護霊　いや、その先輩《せんぱい》は中国ですから。仏教は中国から来たんですからね。

石川　いえ、インドからですね。

蓮舫守護霊　インドから中国に渡《わた》ってきたんで。中国、インドへとお返しをしていかなきゃいけない。

石川　そうそう、それは、これから幸福の科学がしっかりとお返しをさせていただきますから。

蓮舫守護霊　うんうんうんうんうんうん、うーん。

「男性？　女性？」という問いに、なぜか言葉を濁《にご》す

綾織　あなたは日本で魂修行《しゅぎょう》をされている方ですか？

蓮舫守護霊　私？

綾織　はい。

蓮舫守護霊　私はもう、「ユニバーサルマン」だから……。

綾織　ああ。

蓮舫守護霊　あ、いやいや、うん……、「ウーマン」だから。

綾織　ウーマン？　どちらですか。

蓮舫守護霊　ああ、まあ、何？　日本にも関係はありますよ。関係はあるけど、まあ、うーん、日本以外にも関係はある。

綾織　今日のお話ですと、中国にも何度もお生まれになっているという感じはしますね。

蓮舫守護霊　いや、もう、日本と中国の境目《さかいめ》が、私にも見えないんですよ、全然。

綾織　ということは、行ったり来たりされているんですか。

蓮舫守護霊　まあ、同じ国にしか見えないですね、ほとんど。
まあ、「島」ですよね。例えば、何て言うかなあ、兵庫《ひょうご》県の人が淡路島《あわじしま》を見ているような感じで、中国の人は日本を見てるんじゃないかなあというふうに思うんですよ。

綾織　うーん。そういう見方をされているわけですね、ご自身もね。

蓮舫守護霊　だって、同じ漢字を使っているんですもんねえ、日本でねえ、うーん。発音だって、似てるものがいっぱいありますしね。ほとんど、日本は中国からもらったものばかりでしょう。

綾織　なるほど。

蓮舫守護霊　日本オリジナルの文化なんて、何もないもの。

綾織　男性と女性では、どちらなんでしょう?

蓮舫守護霊　ええ？　両方、両方、両方いますよ。

綾織　ああ、両方いらっしゃるわけですね。

蓮舫守護霊　ええ、ええ、ええ。

吉川　今、話をされているのは、男性なんですか。

蓮舫守護霊　ま、あなたが女性なら女性。あなたが男性なら男性です。

綾織　男性ですか？（笑）

吉川　えっ、男性ですか（笑）。女性じゃない……？

蓮舫守護霊　知りません。

9　中国寄りの思想を持つ蓮舫氏の「過去世《かこぜ》」とは

過去世で縁《えん》のあった質問者に「情けない」と連発する蓮舫氏守護霊

綾織　非常に深い縁《えん》を感じたりしますか。

蓮舫守護霊　誰《だれ》に？

綾織　この方（石川）に。

蓮舫守護霊　この方って？　〝キングコング〟？

吉川　（笑）

綾織　まあ、そうとも言います（笑）。

蓮舫守護霊　うーん……。深い縁、深い縁、深い縁、うーん……。情けない男だ。うん。

綾織　ああ、そうなんですか？　さっきと違《ちが》いますね。

蓮舫守護霊　うん、だからねえ、いやあ、情けないから、やっぱり。薩長《さっちょう》なんかに負けるとは、なんという情けない男であるか（注。以前の霊言《れいげん》のなかで、質問者の石川の過去世《かこぜ》の一つは、新撰組《しんせんぐみ》副長の土方歳三《ひじかたとしぞう》であると推定されている）。

石川　あなたは、そのときにいたんですか？

蓮舫守護霊　ええ？　薩長なんかに負けるとは。あのへんの、みんな首はねてしまえばよかったんじゃないの。負けよってから、ねえ。〝警察庁〟だよ、あんたね。

綾織　ほう。

蓮舫守護霊　「警察庁が負けるとは何事であるか」って、やっぱ言いたいですね。

石川　だから、私は今も〝警察庁〟をやっているわけですよ。〝皇宮《こうぐう》警察〟ですから。

蓮舫守護霊　なんかねえ、薩長なんかの芋侍《いもざむらい》にやられてねえ、もう、ほんまに。

石川　もし、そのときに関係がある方だったら、やはり信仰心《しんこうしん》というか、神仏に対する崇高《すうこう》な気持ちで、足りないものがあるのではないかというのは、一言《ひとこと》、指摘《してき》したいところですね。

蓮舫守護霊　うーん、あんたに信仰心があったのかねえ。ほんとに。

石川　だから、今、ここにいるわけです。

蓮舫守護霊　あなた、〝殺人マシーン〟だったじゃない？

石川　いやあ、結構ですよ。

蓮舫守護霊　ただの〝殺人マシーン〟でしょう？　なあ。

石川　護《まも》るべきものは護らなければいけないので。

蓮舫守護霊　だから、それは、権力に正当性があると思えば「正義」だけど、なかったら、ただの「殺人鬼《さつじんき》」ですよね。

石川　いえいえ。今、最大の権威《けんい》がここ（幸福の科学）に来ておられるわけですから。それを見抜《みぬ》けないような感じで、あなたが「小さなところの代表」なんかやって……。

蓮舫守護霊　「小さなところ」って、あんたね、なんちゅうこと言うの？　私一人で百万票取るのに、あんたがたに言われたあないわ。なんちゅうことおっしゃるの。

石川　でも、そちらの〝なかに入っているもの〟は、ちょっと違うのではないんですか。

蓮舫守護霊　「小さいの」っていうのは、新撰組みたいなことを言うんですよ。

石川　いえいえ、「なかに入っているもの」、「考えているもの」、「つくろうとしている未来・理想」、そういうところに、ちょっと足りないものがあるのではないですか。今日のお話を聞くと。

蓮舫守護霊　あんたの仏教なんて、どうせきっと、あなた、●アングリマーラの生まれ変わりよ。

●アングリマーラ　師事していたバラモンに、「出会った人を殺し、その指を切って首飾りをつくれ。百人（あるいは千人）の指が集まったとき修行が完成する」と騙《だま》され殺人を犯したが、最後の１人として自身の母親を殺そうとしたとき、釈尊が現れ、折伏《しゃくぶく》されて帰依《きえ》。その後、阿羅漢《あらかん》の悟りを開いたといわれる。

石川　いや、それは結構でございます。

蓮舫守護霊　殺人鬼よ。きっとねえ。もう、九百九十九人ぐらい殺してるわ。

石川　そうそうそう。どのようなもので生まれ変わっても、仏の教えの下《もと》に身を清めようとしている人間ですから。

蓮舫守護霊　人殺ししては宗教にすがり、人殺ししては宗教にすがり、繰《く》り返しやってるんじゃない、それ。

江戸城《えどじょう》を護《まも》り切れなかった新撰組《しんせんぐみ》に腹を立てる立場だった？

石川　（過去世は）だいたい、そういうところにいた人なんですか。

蓮舫守護霊　うん？　何が？　私？　私はそんなことないっすよ、ほんとに。もう、「江戸《えど》の町が平和でありますように」と、ほんとに、習い事なんかをしながら、ちゃん、しゃんしゃんと、こう、ほんとにやってただけですから。

石川　名前は誰ですか。

蓮舫守護霊　いやいや。いいんですよ。とにかくですねえ、まあ、争いごとはやめましょうね。だから、文化遺産を守って、平和にいきましょうね。食文化も守りましょう。最悪、中華《ちゅうか》料理は残しましょう。

石川　（笑）

蓮舫守護霊　世界の四大料理の中華料理は残さなければいけませんね。

綾織　すみません。幕末にいらっしゃったんですね？

蓮舫守護霊　ええっ？　何が？

綾織　いらっしゃったんですね？

蓮舫守護霊　まあ、それは百万都市でしたからねえ。いてもおかしくはないですよね。うん。うん。

綾織　どのあたりになりますでしょうか。江戸城のなかですか。

蓮舫守護霊　江戸城のなかっていうか、（石川に）こういう方がね？　情けないからね、ほんっとに逃《に》げ回って、どこまで逃げるんだ。もう、ほんとに腹立つっていうか、ねえ？　北海道まで逃げていったの、この人ねえ。情けない。江戸で戦えっていうの、ちゃんと、ね。うーん。あっさりと……。

綾織　おお。「そのことに腹を立てるような立場」ということですね？

蓮舫守護霊　戦いもしないで、城を明け渡《わた》して、情けない！　情けない、情けない。うーん。

吉田松陰《よしだしょういん》に狙《ねら》われた幕府の要人の名前が明らかに

綾織　その「情けない」と思う立場というのは、何なのでしょうか。

蓮舫守護霊　ううん？　「情けない」と思う立場はですねえ、まあ、江戸におって敗北を喫《きっ》した立場でしょうねえ。

綾織　敗北を喫した？　男性なんですか。

蓮舫守護霊　いや、それについては、やっぱり、明らかにはできないところですよね。

綾織　ほう。

蓮舫守護霊　女性かもしれないし。
だから、あんたがたは、薩長というか、〝長州《ちょうしゅう》〟がちょっと強すぎるから、少しね、意識改革したほうがいいですよ。長州に偏《かたよ》りすぎてるんですよ。安倍《あべ》さんが

〝長州〟から出てるんだから、安倍さんと同じ路線って恥《は》ずかしいと思わなきゃいけないんで（注。安倍首相の選挙地盤《じばん》は山口県）。まあ、土佐《とさ》はもう駄目《だめ》だろうけれどもやっぱり、阿波国《あわのくに》・徳島を中心にして、今、維新《いしん》を起こさなきゃいけないんじゃないですかねえ。

だから、徳島の宗教に帰りましょう。うん！　もう一回……。

綾織　いや、あなたに言われてもしかたがないんですけれども（苦笑）。それでは、幕府側にいらっしゃったどなたかですか。

蓮舫守護霊　江戸が……、「江戸が取られて悔《くや》しい」と思ってる者の一人ではあります。うん。

綾織　ほう……。そういう政治家のなかにはいないんですね？

蓮舫守護霊　うん？

綾織　政治家。

蓮舫守護霊　政治家……。

綾織　そういう幕府の何か役職にいたとかいうことではないんですね？

蓮舫守護霊　（約五秒間の沈黙《ちんもく》）うーん、まあ、微妙《びみょう》ですね。微妙。微妙。

綾織　ああ、そこにいらっしゃった？

蓮舫守護霊　うーん、微妙といえば微妙。だから、薩長は嫌《きら》い。基本的に嫌い。新《しん》撰組《せんぐみ》はちょっと弱すぎたので腹が立っている立場。うん、うん。

綾織　新撰組の、「その上」にいた方？

蓮舫守護霊　まあ、上といえ……、うーん、上というか……。

綾織　その組織をつくった方？

蓮舫守護霊　まあ、いやあ、やっぱり、うーん……。

石川　会津《あいづ》というわけではないんですね？

蓮舫守護霊　いやあ、まあ、幕府ではありますね。幕府……、幕府……、幕府。だから、いちおう仮想敵にされたほうかな。

綾織　仮想敵……?

蓮舫守護霊　うん。うんうーん。だから、吉田松陰《よしだしょういん》に狙《ねら》われたあたりですよ。

綾織　ああ！　ということは、間部詮勝《まなべあきかつ》……。

蓮舫守護霊　うーん、まあ、それを言って分かる人も、もう今はいないでしょうけどね。ほとんどねえ、いないけど。

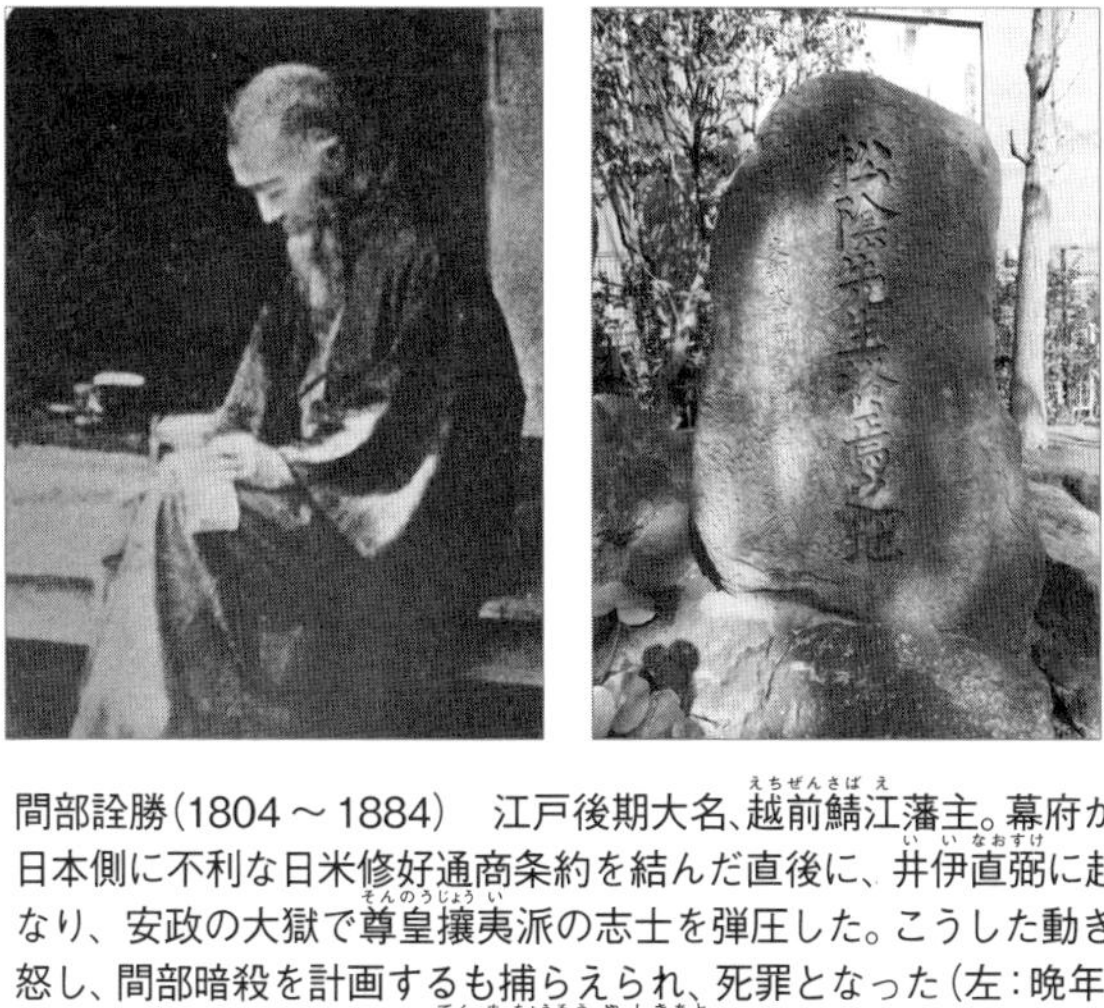

間部詮勝（1804～1884）　江戸後期大名、越前鯖江《えちぜんさばえ》藩主。幕府が朝廷の許可なく、日本側に不利な日米修好通商条約を結んだ直後に、井伊直弼《いいなおすけ》に起用されて老中となり、安政の大獄で尊皇攘夷《そんのうじょうい》派の志士を弾圧した。こうした動きに吉田松陰は激怒し、間部暗殺を計画するも捕らえられ、死罪となった（左：晩年の間部詮勝、右：吉田松陰が最期を迎えた伝馬町牢屋敷跡《てんまちょうろうやしきあと》に立つ石碑〔東京都中央区十思《じっし》公園〕）。

綾織　ああ、なるほど。ほう……。

蓮舫守護霊　まあ、老中《ろうじゅう》といえば老中ですが。

綾織　老中ですよね、間部詮勝さん……。

蓮舫守護霊　吉田松陰が私に刃向《はむ》かおうとして、それで、〝天誅《てんちゅう》〟を加えられて首を斬《き》られた。ねえ？　（私は）それほど〝強い神様〟なんですよ。うん。うーん。

綾織　なるほど。そういうところで……。

中国時代は自称《じしょう》・絶世の美女？

石川　今世《こんぜ》はなぜ、台湾《たいわん》のほうと関係を持たれたんですか？

蓮舫守護霊　いやあ、それは……、いやあ、植民地でしょうからねえ。うーん……。

石川　ああ、そういうことですか。

蓮舫守護霊　台湾は日本の一部でしたから。台湾、朝鮮《ちょうせん》はねえ。うーん。まあ……。

綾織　それ以外で明らかにできるところはありますか。それ以外でも、この方（石川）との縁があったりしますか。そことの縁がいちばん強いですか？

蓮舫守護霊　まあ、この人は弱すぎたところがいちばん腹が立ってはいますけども、でも、今は仲間に受け入れてやろうとしてるわけですよ。かつて活躍《かつやく》し損《そこ》ねたところを、もう一回、活躍させてあげようということで、「斬り込《こ》み隊長でもう一回使ってあげるから、民進党に来なさい」と、今、声を掛《か》けているわけですよ。ね？「あんたは〝長州軍〟のなかで絶対に出世できないから、いてはいけないよ」と。うん……。

綾織　いえいえ（笑）。では、その話は置いておきまして、その他のところについても、お話をお伺《うかが》いしたいんですけれども、中国での生まれ変わりもあるわけですね？

蓮舫守護霊　それはあるでしょうね。それはあるよ。うん。

綾織　どの時代になりますか。

蓮舫守護霊　まあ、やっぱり、中国に生まれるとしたら、絶世の美女以外にないでしょうね。

綾織　ほう。美女？

蓮舫守護霊　絶世の美女でしょうね。自分で言ってるだけですけれども、まあ（笑）。

綾織　それは、「三大美女」というなかに入るんですか？

蓮舫守護霊　うーん、それは数えようによりますから（笑）、分かりませんけども、ええ。いちおう、絶世の美女でしょうね、やっぱりね。

綾織　それは、名前が遺《のこ》っている方なんですか？

蓮舫守護霊　うーん……、遺ってると思う人には遺ってるでしょうね。

綾織　ああ……。

蓮舫守護霊　まあ、クラリオンガール的な美女には到達《とうたつ》していなきゃおかしいですよね。うん。

綾織　ああ。なるほど。「絶世」というものにも、いろいろなレベルがあるわけですね。

蓮舫守護霊　まあ、「絶世」にもいろんなレベルはあるね、確かに。おっしゃるとおりです。

綾織　はあ。

蓮舫守護霊　ああ、そのとおりですよ。ええ。まあ、大したことはございませんけれども、いちおう……、ええ。

綾織　それは、皇帝《こうてい》の近くにいたとか……。

蓮舫守護霊　まあ、そんなようなところです。

綾織　ああ、なるほど。

蓮舫守護霊　まあ、まあ、まあ、そんなようなところです。はい。

「中国だって、つらい時期を経験した」

綾織　だからこそ、大中華帝国を応援《おうえん》するような立場でいらっしゃるのですか。

蓮舫守護霊　まあ、中国もいろんな歴史があって、いろんな戦いがあって、何て言うか、異民族から攻《せ》められたりね、いろんなことをしたことはございますのでねえ。

ほんとにつらい思いもしましたから。

ちょっとねえ、北方から金《きん》の国に攻められて、宋《そう》の国が南宋まで追いやられてねえ、もう、ほんと、海上に朝廷《ちょうてい》があったときもあった。

綾織　ああ、はい。

蓮舫守護霊　あんなつらい時期を経験しましたからね。

綾織　ああ、なるほど。

蓮舫守護霊　そういう経験もありますので、あなたがたは、「中国が巨大《きょだい》帝国にな
っていることが悪い」って決めつけるけど、「中国が半分になっていたとき」だっ
て悲惨《ひさん》だったんだから。
　そういうときだってあるわけだから、いろんな歴史があったわけで、今、国が一
つにまとまってるじゃない。毛沢東《もうたくとう》のおかげで一つにまとまってるっていうことは、
いいことなんだと思います。

綾織　うーん。

蓮舫守護霊　これがバラバラにされてて、もしヨーロッパに切り裂《さ》かれていたら、大変なことになっていると思うので、「今は一つになれてよかったなあ」と思ってはいますよ。

綾織　うーん。

蓮舫守護霊　だから、日本は再び侵略《しんりゃく》しないでね？

中国にまつわる、蓮舫氏の「今世《こんぜ》の使命」と「目指すこと」

綾織　そうした魂《たましい》のご経験があるわけですけれども、その流れを受けて、蓮舫さんの今世《こんぜ》の使命は何なのですか。

蓮舫守護霊　ですから、今世の使命は、日・中・台《たい》あたりの……、「台」っていうのは「台湾」ですけど、「日・中・台湾あたりのトライアングルを見事に完成させるようにしたいな」とは思っておりますねえ。

綾織　ああ、なるほど。

蓮舫守護霊　ええ。それと、まあ、〝江戸城の返還《へんかん》〟はお願いしたいなと思っては……。

綾織　ああ、なるほど（笑）。そこに来るわけですね。

蓮舫守護霊　うーん。

綾織　今日、いろいろなお話をお伺いしましたが、トータルでは非常に筋《すじ》が通っている内容ではあります。

蓮舫守護霊　そうでしょう？

だから、あんな明治維新なんて、ほんのちょっとした〝トリック〟に引っ掛《か》かってねえ、降参して。

綾織　トリックではないと思いますけれども。

蓮舫守護霊　幕府のほうがほんとは強かったんですけど、ちょっと、指導者が〝トリック〟に引っ掛かってしまって、その「錦《にしき》の御旗《みはた》のトリック」を破れなかったからね。あの錦の御旗を破ることができたらねえ、「あんなものはただの布きれだ」と言って、バッサリと斬って捨てる人がいたら、いけたんですよ。

綾織　それは、指導者の違いというところもありますし。

蓮舫守護霊　うーん、まあ、「錦の御旗」なんてもう……。まあ、アイデアを出したやつは偉《えら》いけれども、それにとらわれたやつは……。

まあ、今、〝あれ〟だろうけども。おたくが（彼を）名古屋《なごや》に送られとるんでしょうけど（注。以前の霊言で、現在、幸福の科学 名古屋正心館《しょうしんかん》の館長を務めている小林早賢《こばやしそうけん》の過去世は、徳川慶喜《とくがわよしのぶ》であったと推定されている）。

綾織　いえ、いえ。

蓮舫守護霊　ほんとに、もう、ろくでもねえやつだから、ああいうのは、絶対帰したらいかんで、二度とね。ほんとにね。

綾織　蓮舫さんが、今世、何を目指しているのか、日本がどうなっていくのかが、非常によく分かりました。

蓮舫守護霊　中国を……、今、（人口）十四億の大中国だけど、三十億国家をつくったら、キリスト教圏《けん》よりもイスラム教圏よりも大きくて、仏教、道教《どうきょう》、儒教《じゅきょう》も合わせた、無神論も合わせた「一大大帝国」ができるので、その繁栄《はんえい》を一緒《いっしょ》に味わうことができますよ。

綾織　ほとんど習近平さんと一体化している雰囲気《ふんいき》があると思います。

蓮舫守護霊　チッ（舌打ち）、そうですかねえ？

綾織　はい。

蓮舫守護霊　そうですかねえ？　一体化してますかあ？　インターナショナルなだけだと思うんですけどね、私は。

綾織　ああ、まあ、インターナショナルですね。

蓮舫守護霊　だから、「英語」のほうが「中国語」より優《すぐ》れてると思うのは、やっぱり間違いですよ。中国は、もう、五千年の歴史があるんで。

綾織　蓮舫さんは、中国に留学されていましたのでね。

蓮舫守護霊　ええ。「五千年歴史」ですからね。アメリカなんか、ほんのちょっとですから。
だから、価値観を変えましょう。

綾織　なるほど。

蓮舫守護霊　日本は「二千七百年」とか言っているけど、こっちは五千年の歴史があるんだからね、それで行かなければいけないねえ。
「私の結論は『アメリカを追い出して、中国につこう』」

綾織　地上の蓮舫さんも「切れ味」がいいですけれども、守護霊さんも「素晴《すば》らしい切れ味」でした。

蓮舫守護霊　すっきり分かったでしょう?

綾織　はい。

蓮舫守護霊　だから、自民党の幹事長とかさ、官房長官《かんぼうちょうかん》とか、ろくでもないことを遠回しにやって、ゴソゴソと陰険《いんけん》なことばっかりするでしょう?

それに比べれば、私なんかは、もうスパッとしてて、竹を割ったような考え方ですから。「あっさり中国につこう」と、そう言っているだけですから。

綾織　そうですね（苦笑）（会場笑）。

蓮舫守護霊　ええ。簡単ですよ、結論は。

綾織　はい。非常に分かりやすいお話……（笑）。

蓮舫守護霊　アメリカは日本占領軍《せんりょう》ですから。日本はアメリカに占領されて、屈辱《くつじょく》を受けたんですから、「アメリカを追い出して中国につこう」と、それだけのことです。はい。

綾織　なるほど。全国民に分かるお話をしてくださり、ありがとうございます。

蓮舫守護霊　分かるかなあ。やっぱり、これが私の「人気の秘訣《ひけつ》」なんですよね？

綾織　ああ、なるほど。

蓮舫守護霊　悔しかったらね、百万票超《こ》えてくださいよ？　ハッハ（笑）。個人でね？

綾織　そうですね。そこは非常に悔しいところです。

蓮舫守護霊　ええ、悔しいでしょう？　（手を振《ふ》るしぐさをする）釈《しゃく》党首に水着を着ていただいて、ポスターに出ていただきましょう。私の若いころと比べて、どうか。見ていただきたいですね。ハッハ（笑）。七海《ななみ》さんでもいいですよ？

綾織　そこはご本人にお任せしたいと思います。

蓮舫守護霊　うーん。まあ、人気っていうのはね、みんなが決めるものですから。自分で決められないんでね。

綾織　はい。そのあたりは学んでいきたいと思います。

最後まで言い続けた「中国時代の到来《とうらい》」と「民進党との合流」

蓮舫守護霊　今日、私の話を聞いて、あなたがたの頭も国際化したでしょう?

石川　国際化……(苦笑)。

蓮舫守護霊　もう、すごーく大きく国際化して、ブレーンウォッシュされていると思うんですよね。

石川　中国が……?

蓮舫守護霊　ええ。いや、「中国の時代」が来たんですよ、もう。

綾織　なるほど。

蓮舫守護霊　もう、ほんの五年で、アメリカとの関係は引っ繰り返りますから。簡単に引っ繰り返りますので。「中国の時代」がいよいよ来たんですよ。それにみんな従うのが流れです。

綾織　はい。明確なメッセージを、本当にありがとうございます。

蓮舫守護霊　はい。はい。民進党と合流しましょう。早めにね。

綾織　では、代表選でお忙《いそが》しいと思いますので。

蓮舫守護霊　ええ。まあ、当選しますので。

綾織　ぜひ、頑張《がんば》っていただければと思います。

蓮舫守護霊　よろしくお願いしますね。

綾織　頑張ってください。ありがとうございます。

吉川　ありがとうございました。

10　日本人は「隷従《れいじゅう》」と「自由」のどちらを選ぶのか

自民党幹事長守護霊とほぼ同じことを言っていた蓮舫氏守護霊

大川隆法　（手を二回叩《たた》く）ということです。「人気の秘訣《ひけつ》」はなかったでしょうか。分かりませんね。よく分かりませんが、とにかく、当会の主張とは少し違《ちが》うようです。

綾織　かなり違いますね（笑）。

石川　かなり違います（笑）。

大川隆法　（笑）結局、「（中国に）吸収されろ」と言っていたようですが、自民党の幹事長（の守護霊）も似たようなことを言っていましたか（笑）（『二階俊博《にかいとしひろ》自民党幹事長の守護霊霊言《れいげん》』〔幸福実現党刊〕参照）。

綾織　まったく同じでした（笑）。違いは、「ナマズであるか、そうでないか」というだけです。

大川隆法　どのみち同じですから。自民党の幹事長（守護霊）が言っていることと、民進党の次の代表候補の（守護霊が）言っていることが、「結論においてほとんど同じである」ということは、共産党が別になったところで、特に変わりません。

石川　変わらないですね。

大川隆法　一緒《いっしょ》でしょう？　やはり、幸福実現党がないと困るのではないでしょうか。

綾織　そうですね（苦笑）。

石川　もう、これしかないです。

大川隆法　これでは、行くところがないではないですか。選択肢《せんたくし》はなくなりますよ。選択肢がなくなるのですから、これは危ないですね。

綾織　頑張《がんば》らないといけませんね。

大川隆法　自民党の幹事長（守護霊）も、「安倍《あべ》さんが総理をやっている間は、日本は独立国として存在する。そのあとは存在しない」と言っているのでしょう?

石川　そう言っています。

大川隆法　似たようなもので、大きくは変わらないようです。

綾織　はい。もう、選択肢がありません。

「隷従《れいじゅう》への道」か「自由への道」か、国民に問いたい

大川隆法　これは、(中国の)「土地の大きさ」と「人口の大きさ」、「経済の規模の大きさ」に、だんだん呑《の》み込《こ》まれつつあるということでしょうか。

最後の抵抗《ていこう》なのか、あるいは、そうではなく、歴史的に正当性のある抵抗なのかは分かりませんけれども、一つの考え方として国民に開示をし、「どう思われます

か」と問いかけるべきことでしょう。
「本当に『奴隷《どれい》への道』『隷従《れいじゅう》への道』を選ばれるのか、『自由への道』か、選んでください」というように問うしかないですね。

綾織　はい。

大川隆法　それでも、「『隷従への道』を選ぶ」と言うなら、もう、しかたがないかもしれませんけれども、やはり、言うべきことは言い続けなければいけないということです。
日本では「無神論的なこと」や「無宗教の立場」が非常に強いのですが、そのことと、中国のほうに吸収されかかっていることとは、関係があると思うのです。

石川　そうですね。

大川隆法　「神様が立ってきたら吸収されにくい」のですけれども、「無宗教でよければ吸収できる」んですよね。

ですから、ここが、いちばん大きなところなのではないでしょうか。

言論で戦えるものは戦わなければならない

大川隆法　まあ、勉強になりました。言葉は非常に明瞭《めいりょう》でした。

綾織　そうですね。

大川隆法　やはり、（年齢が）若いので、明瞭でしたね。

綾織　はい。

大川隆法　まあ、「日本の国のつくり方」にも、いろいろと積み残しはあるのでしょう。

でも、日本の神様もすべて消されるのですか。

綾織　（苦笑）

大川隆法　ギリシャ、ローマの神々が消えていったように、「消える」ということなのですね。

綾織　すごく明確な言葉でした。

大川隆法　ええ、そうですね。中国に占領《せんりょう》されたら、（日本の神様も）おそらく

「消える」でしょう。しかし、それには抵抗するでしょうね。
今は、そのへんの戦いということです。

綾織　はい。

大川隆法　当会のほうは、敗走する幕府軍か白虎隊《びゃっこたい》かは分かりませんが、そちらのほうに分類されているということなのでしょうか。

綾織　実際には逆だと思いますので、頑張ってまいります。

大川隆法　ええ（笑）。言論で戦えるものは戦わなければならないと思いますので、何かの参考になれば幸いです（手を二回叩く）。

綾織　はい。ありがとうございました。

あとがき

中国が台湾のみならず、インド、パキスタン、朝鮮半島、日本まで「州《しゅう》」に加えて、三十億人の大中華帝国を築《きず》くという夢は、習近平《しゅうきんぺい》氏の夢としてはありえようが、習氏の妻でもない、日本の国会議員が、理想の未来として心に描いてもよいことではなかろう。

もとより私も、アジアの平和を願ってはいるが、秦《しん》の始皇帝《しこうてい》やジンギスカンなみの統一王朝《とういつおうちょう》を創《つく》ってほしいとは願っていない。

わかりやすい「ワンフレーズ・ポリティクス」にこの国が洗脳《せんのう》されないことを祈

りつつ、日本の古来の神々をも護《まも》りたい、というのが私の立場だ。

確かハンチントン氏も、世界の八大文明の一つに「日本文明」を数え、「中国文明」と明確に区別していたと記憶する（サミュエル・ハンチントン『文明の衝突』）。

もっと歴史を正確に勉強することも、政治家としての見識《けんしき》の一部であってよいのではなかろうか。

二〇一六年　九月七日

幸福《こうふく》の科学《かがく》グループ創始者兼総裁《そうししゃけんそうさい》

幸福実現党創立者兼総裁《こうふくじつげんとうそうりつしゃけんそうさい》　大川隆法《おおかわりゅうほう》

『蓮舫の守護霊霊言』大川隆法著作関連書籍

『小池百合子　実力の秘密』（幸福の科学出版刊）
『緊急・守護霊インタビュー　台湾新総統　蔡英文の未来戦略』（同右）
『今上天皇の「生前退位」報道の真意を探る』（同右）
『自称〝元首〟の本心に迫る――安倍首相の守護霊霊言――』（同右）
『菅官房長官の守護霊に訊く　幸福実現党〝国策捜査〟の真相』
（幸福の科学広報局編　幸福の科学出版刊）
『二階俊博自民党幹事長の守護霊霊言』（幸福実現党刊）

蓮舫《れんほう》の守護霊霊言《しゅごれいれいげん》

―― 〝民進党イメージ・キャラクター〟の正体 ――

2016年9月8日　初版第1刷

著　者　　大《おお》川《かわ》隆《りゅう》法《ほう》

発　行　　幸福実現党

〒107-0052 東京都港区赤坂2丁目10番8号
TEL(03)6441-0754

発　売　　幸福の科学出版株式会社

〒107-0052 東京都港区赤坂2丁目10番14号
TEL(03)5573-7700
http://www.irhpress.co.jp/

印刷・製本　株式会社 研文社

落丁・乱丁本はおとりかえいたします

ISBN978-4-86395-835-7 C0030
写真：アフロ／ AA/ 時事通信フォト／ nike ／時事／時事通信フォト

大川隆法霊言シリーズ・安倍政権のあり方を問う

自称〝元首〟の本心に迫る
安倍首相の守護霊霊言

幸福実現党潰しは、アベノミクスの失速隠しと、先の参院選や都知事選への恨みか？ 国民が知らない安倍首相の本音を守護霊が包み隠さず語った。

1,400円

二階俊博自民党幹事長の守護霊霊言
〝親中派〟幹事長が誕生した理由

自民党のNo.2は、国の未来よりも安倍政権の「延命」のほうが大事なのか？ ウナギやナマズのようにつかまえどころのない幹事長の本音に迫る。【幸福実現党刊】

1,400円

菅官房長官の守護霊に訊く
幸福実現党 “国策捜査”の真相
幸福の科学広報局　編

幸福実現党への国策捜査に踏み切った理由を官房長官の守護霊が激白！ 事実上の捜査の指揮権を官邸が握っていることを認めた衝撃の霊言。

1,400円

※表示価格は本体価格（税別）です。

大川隆法霊言シリーズ・安倍政権のあり方を問う

幸福実現党本部
家宅捜索の真相を探る

エドガー・ケイシーによる
スピリチュアル・リーディング

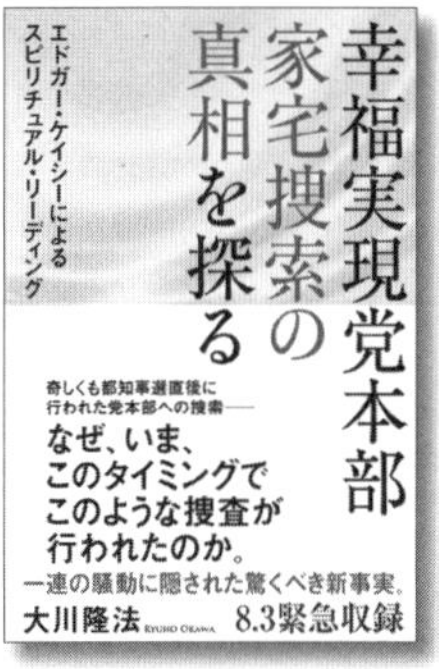

都知事選の直後に行われた、異例とも言える党本部への家宅捜索について、その真相を霊査。一連の騒動の背景に隠された驚くべき新事実とは?【幸福実現党刊】

1,400円

岸田文雄外務大臣守護霊インタビュー
外交 そして
この国の政治の未来

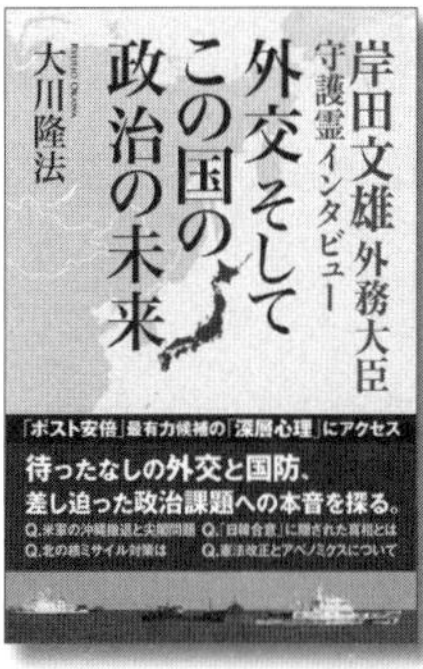

もし、岸田氏が総理大臣になったら、日本はどうなる? 外交、国防、憲法改正、経済政策など、次の宰相としての適性を多角的に検証。【幸福実現党刊】

1,400円

今上《きんじょう》天皇の「生前退位」
報道の真意を探る

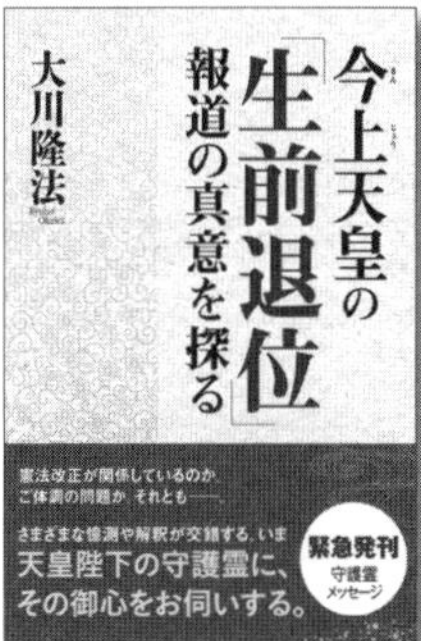

「生前退位」について様々な憶測が交錯するなか、天皇陛下の守護霊が語られた「憲法改正」や「皇室の行く末」、そして「先の大戦」についてのご本心。

1,400円

大川隆法 霊言シリーズ・政治家の本心に迫る

小池百合子 実力の秘密

孤立無援で都知事選を戦い抜き、圧勝した小池百合子氏。マスコミ報道では見えてこない政治家としての本心から、魂の秘密までを多角的に検証。

1,400円

橋本龍太郎元総理の霊言

戦後政治の検証と安倍総理への直言

長期不況を招いた90年代の「バブル潰し」と「消費増税」を再検証するとともに、マスコミを利用して国民を欺く安倍政権を"橋龍"が一刀両断!

1,400円

共産主義批判の常識

日本共産党 志位委員長守護霊に直撃インタビュー

暴力革命の肯定と一党独裁、天皇制廃止、自衛隊は共産党軍へ──。共産党トップが考える、驚愕の「平等社会」とは。共産主義思想を徹底検証する。

1,400円

※表示価格は本体価格(税別)です。

幸福実現党宣言

この国の未来をデザインする

政治と宗教の真なる関係、「日本国憲法」を改正すべき理由など、日本が世界を牽引するために必要な、国家運営のあるべき姿を指し示す。

1,600円

政治革命家・大川隆法

幸福実現党の父

未来が見える。嘘をつかない。タブーに挑戦する——。政治の問題を鋭く指摘し、具体的な打開策を唱える幸福実現党の魅力が分かる万人必読の書。

1,400円

太陽の昇る国

日本という国のあり方

釈量子　著

幸福実現党・釈量子党首が、九名との対談を通して日本の未来を描く。混迷する日本を打開する「知性」、「志」、「行動力」が詰まった一冊。特典DVD付き。

【幸福実現党刊】

1,200円

最新刊

夢は叶う

生徒が伸びる、個性が輝く
「幸福の科学学園」の教育

大川隆法　著

「学力」「徳力」「創造力」──。この学園から、日本の教育が変わる! 創立7周年を迎えた「幸福の科学学園」の数々の実績と魅力がこの一冊に。

1,500円

夫婦の心得

ふたりでつくる
新しい「幸せのカタチ」

大川咲也加　大川直樹　共著

恋愛では分からない相手の「素」の部分や、細かな習慣の違いなど、結婚直後にぶつかる“壁”を乗り越えて、「幸せ夫婦」になるための12のヒント。

1,400円

女性のための
「幸せマインド」のつくり方

大川紫央　大川咲也加　大川瑞保　共著

なぜか幸せをつかむ女性が、いつも心掛け、習慣にしていることとは? 大川家の女性3人が、周りに「癒やし」と「幸せ」を与える秘訣を初公開!

1,400円

大川隆法「法シリーズ」・最新刊

正義の法

法シリーズ
第22作

憎しみを超えて、愛を取れ

テロ事件、中東紛争、中国の軍拡――。
どうすれば世界から争いがなくなるのか。
あらゆる価値観の対立を超える
「正義」とは何か。
著者二千書目となる「法シリーズ」最新刊！

2,000円

第１章　神は沈黙していない――「学問的正義」を超える「真理」とは何か
第２章　宗教と唯物論の相克――人間の魂を設計したのは誰なのか
第３章　正しさからの発展――「正義」の観点から見た「政治と経済」
第４章　正義の原理
――「個人における正義」と「国家間における正義」の考え方
第５章　人類史の大転換――日本が世界のリーダーとなるために必要なこと
第６章　神の正義の樹立――今、世界に必要とされる「至高神」の教え

※表示価格は本体価格（税別）です。

大川隆法ベストセラーズ・地球レベルでの正しさを求めて

未来へのイノベーション

新しい日本を創る幸福実現革命

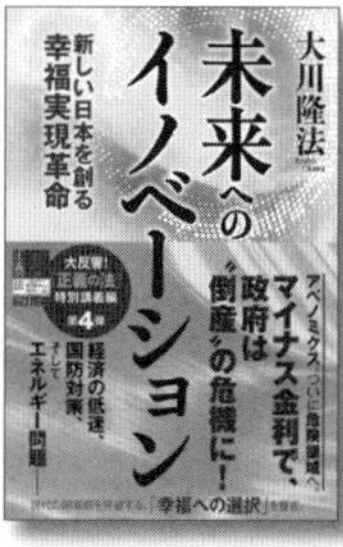

経済の低迷、国防危機、反核平和運動……。「マスコミ全体主義」によって漂流する日本に、正しい価値観の樹立による「幸福への選択」を提言。

1,500円

正義と繁栄

幸福実現革命を起こす時

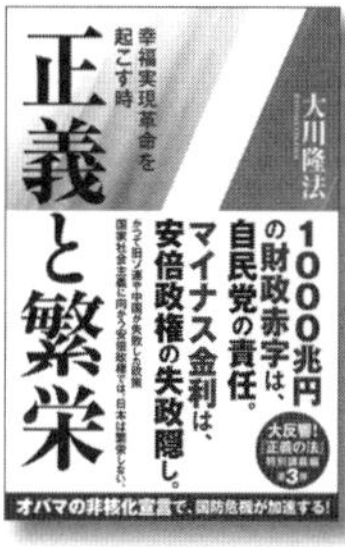

「マイナス金利」や「消費増税の先送り」は、安倍政権の失政隠しだった!? 国家社会主義に向かう日本に警鐘を鳴らし、真の繁栄を実現する一書。

1,500円

世界を導く日本の正義

20年以上前から北朝鮮の危険性を指摘してきた著者が、抑止力としての日本の「核装備」を提言。日本が取るべき国防・経済の国家戦略を明示した一冊。

1,500円

現代の正義論

憲法、国防、税金、そして沖縄。
――『正義の法』特別講義編

国際政治と経済に今必要な「正義」とは――。北朝鮮の水爆実験、イスラムテロ、沖縄問題、マイナス金利など、時事問題に真正面から答えた一冊。

1,500円